HAUTE TENSION

L'homme-araignée se raconte

du même auteur
au **cherche midi**

L'Homme-Araignée, 2004.

Alain Robert

HAUTE TENSION

L'homme-araignée se raconte

Édition établie sous la direction de Sylvie Nordheim

COLLECTION **DOCUMENTS**

cherche **midi**

Vous aimez les documents ? Inscrivez-vous à notre newsletter pour suivre en avant-première toutes nos actualités :
www.cherche-midi.com

23, rue du Cherche-Midi
75006 Paris

Prologue

Même en rêve, je n'aurais jamais imaginé l'atteindre. Je pourrais d'ailleurs m'arrêter là, me contenter de ça. Accrocher sous la dernière sphère le drapeau malaisien, avec ses bandes rouges et blanches, et son carré bleu orné d'un croissant et d'une étoile jaune. Le laisser flotter dans le ciel de Kuala Lumpur comme un étendard de paix, histoire de dire à la face du monde que je n'ai aucune intention de déclarer la guerre et que je veux juste faire l'amour avec les sommets.

Douze ans que je convoite les tours jumelles les plus hautes du monde, les tours Petronas. Ce qui explique l'excessive application dont j'ai fait preuve, d'abord pour parvenir à mes fins, ensuite pour limiter la casse. Ce dont doutait fort maître Dhiren Norendra, l'avocat qui me défend sous ces latitudes. Il a bondi de son fauteuil lorsque je lui ai annoncé que je repartais pour un tour, ou, plus exactement, pour une tour.

La n° 2, hélas ! Bourrée de défauts de la tête aux pieds car construite plus tard et finie plus tôt que sa grande sœur, mais, à la différence de celle-ci, n'abritant aucun service secret. L'hélicoptère de Channel 4 pourra filmer mon exploit sans craindre d'être pulvérisé par un missile.

Je plaisante à peine. Ici, on ne se moque pas des autorités.

Après s'être recalé sur son siège, l'homme de loi a vrillé ses yeux dans les miens :

– Une troisième fois ! Vous n'y pensez pas ! Voulez-vous finir encore dans les geôles ?

Convaincu du pire et me trouvant sans doute trop téméraire, il a fini par jeter l'éponge et m'a confié à un criminaliste réputé.

Son confrère est resté dubitatif :

– On ne vous a fait aucun cadeau depuis 2007. Pourquoi serait-ce différent aujourd'hui ?

Ensemble, nous avons cependant cherché à couvrir mes arrières et réduire ma peine éventuelle. Sur les conseils de maître Wong, mon photographe m'a donc rapporté la veille du centre commercial le logo du parti que dirige le Premier ministre fraîchement élu, un autocollant à coup sûr dégradable dès la première fournaise tropicale venue. Précautionneux et incapable de dormir – car ressassant les vices cachés de ma future conquête –, j'ai préféré le coudre sur mon vêtement plutôt que me retourner bêtement dans mon lit sans trouver le sommeil.

Maintenant que j'arbore les couleurs nationales, peut-on raisonnablement me considérer comme un ennemi et me jeter en prison ?

– Cela ne suffira peut-être pas, m'a mis en garde l'avocat.

– Combien ? ai-je demandé.

Il a promené sa langue dans la bouche et répondu :

– Trois ans !

Je n'ai guère envie de faire un remake de *Midnight Express*. La perspective de croupir en cellule dans des conditions extrêmes si longtemps ne m'enchante vraiment pas.

– À moins que vous ayez un garant ? a hasardé maître Wong.

J'ai aussitôt pensé à un de mes admirateurs devenu mon ami, un proche de la famille royale avec qui il joue au golf et que j'ai rencontré lors de ma première ascension. Il m'a déjà rendu quelques services. Mais il n'intriguera plus pour moi. Lui ainsi que son fils se sont excusés :

– Trop dangereux !

Je me suis tourné alors vers l'épouse locale d'un copain français, professeur d'histoire.

– Désolée, je peux tout perdre ! On me fera les pires ennuis !

Elle a fini au dernier moment par accepter de prendre certains risques. Mon ami est arrivé, tout haletant, à mon hôtel, quelques heures avant mon départ pour m'annoncer qu'elle me soutiendrait. N'empêche.

J'ai jugé utile d'éliminer soigneusement toute traçabilité, en dégotant un téléphone bas de gamme dans lequel j'ai glissé une carte SIM achetée sans passeport. Passeport dont je me suis par ailleurs dessaisi et que j'ai remis à Claude. Au cas où l'on me garde en détention, mon fidèle acolyte le rapportera à l'avocat qui le présentera lui-même à la police.

Je ne laisse rien au hasard. En quelques années, j'ai acquis une certaine expérience et je maîtrise bien toutes ces procédures. Avec le temps, on devient rusé. Je ne néglige aucune question, qu'elle soit juridique ou pratique. Passant rarement inaperçu aux abords des gratte-ciel, je sais également déjouer la surveillance des policiers et autres vigiles qui collectionnent mes portraits.

Ainsi, aujourd'hui, je suis parti alors que le muezzin claironnait la dernière prière d'un ramadan qui s'achève, à cette heure entre chien et loup où les ombres n'impriment pas les rétines. Sans lumière, il n'est pas toujours simple de savoir où glisser ses pieds et ses mains. Je connais cependant bien la façade, à laquelle je me suis déjà frotté. Même si j'ai découvert seulement hier, en braquant les jumelles panoramiques depuis un building voisin sur la tour n° 2, la hauteur exceptionnelle du 87e étage, une fois et demie supérieure aux autres.

Je l'ai pourtant franchi, et me voici maintenant sur l'ultime palier, celui où je devrais en tout état de cause crier victoire, savourant la chance de n'avoir rencontré aucun laveur de carreaux un peu zélé, prêt à me dénoncer à la sécurité.

Je pourrais m'arrêter là, me contenter de ça. Je n'ai jamais songé à me hisser sur la grosse boule qui chapeaute la tour, encore moins sur la toute petite qui la domine, tel un point sur un I.

Mais j'ai soudain la conviction que le monde m'appartient et j'attaque ce dernier obstacle surplombant. J'essaie une fois, deux fois, trois fois, avant de revenir en catastrophe à la base de la sphère. C'est là que, résigné à désescalader, j'attache solidement le drapeau malaisien planqué sous ma chemise.

Pourtant, de nouveau, quelque chose de très fort à l'intérieur de moi me pousse à risquer le tout pour le tout. Deux minutes plus tard, je me tiens debout sur le sommet, les bras en V, dominant Kuala Lumpur.

À 452 mètres du sol, j'ai gagné mon pari sur la mort.

Je suis toujours en vie et je suis heureux.

Heureux d'avoir encore une fois vaincu la peur.

1

Le vent souffle fort à Valence. À la belle saison, il peut même rendre fou. On le nomme le mistral. Cela ne nous empêche pas d'apprécier le grand air et de nous balader en famille dans les environs.

De temps en temps, nous poussons la promenade jusqu'à une ancienne voie ferrée où se trouve un vieux puits carré, métallique. On ne l'utilise sans doute plus depuis longtemps. Des mauvaises herbes ont descellé les pavés de la margelle et l'arceau est tout rouillé.

Mes parents nous mettent en garde :

– Éloignez-vous ! C'est dangereux !

Mais mon grand frère Éric n'écoute personne. Il s'approche du puits, y jette des cailloux, se penche pour en sonder la profondeur et, accessoirement, pour narguer ma mère. Retenant d'une main ferme son petit dernier, celle-ci s'égosille :

– Reviens ! Voyons, reviens !

Je suis là, entre les deux. Attiré et terrifié par les jeux dangereux.

On nous a raconté une histoire. Une petite fille qui avait disparu, qu'on avait vainement cherchée. Son corps avait finalement été retrouvé au fond d'un puits. Fragilisée par les intempéries, la planche de bois qui le sécurisait avait vraisemblablement cédé sous le poids de l'enfant. Je pense avec effroi à cette fillette, à la sensation qu'elle a dû éprouver quand l'accident s'est produit, à l'épouvante qu'elle a ressentie en réalisant que, malgré ses cris, personne ne viendrait lui porter secours.

Éric n'a pas mon imagination ni ma sensibilité. Il est plus âgé et moins trouillard. Moins gringalet aussi.

Je m'en veux. Je m'en veux d'être ce que je suis. Un petit garçon coincé entre deux autres dont le charme opère de toute évidence beaucoup plus sur mes parents, notamment sur ma mère.

Je ne montre pas ma peur mais, la nuit, mon inconscient me joue des tours. Mes propres cris me réveillent. Je tombe, je tombe, dans un gouffre noir. La chute me dresse sur mon lit.

Un été, mon père se met dans la tête l'idée de visiter les gorges du Tarn. Entassés dans la voiture, nous longeons les falaises abruptes. La route est étroite, bordée d'un parapet dérisoire, très loin de me rassurer. Mon père klaxonne régulièrement pour prévenir les éventuels automobilistes qui viendraient en sens inverse.

Je le surprends dans son rétroviseur intérieur. Je devine ses émotions, le fait qu'il regrette son choix, qu'il n'avait pas prévu tous ces zigzags et les précipices mortels à chaque coude. L'angoisse se lit dans ses traits tirés, ses yeux creux, sa pomme d'Adam qui monte, descend, coulisse dans sa glotte. Un véritable ascenseur.

À lui aussi, j'en veux d'être si trouillard. Je n'ai pas besoin de ça pour vaincre mon vertige et regarder en contrebas, vers ce canyon qui tranche la roche avec une force grandiose.

Ma mère devient volubile dans ces moments-là. Certainement pour détendre l'atmosphère. Elle ne trompe personne. Mon père décidera finalement d'emprunter l'autoroute.

Ni l'un ni l'autre n'ont l'étoffe d'aventuriers. Comment serais-je différent ?

Mes cauchemars me poursuivent toute mon enfance. Mon père supporte mal mes cris qui dérangent la tranquillité de ses nuits. Il a une marotte pour soigner ça : rien ne vaut une bonne fessée.

Ma mère n'est guère plus tendre. Les enfants salissent son intérieur qu'elle brique avec un soin maniaque.

– Brossez-vous les pieds ! Lavez-vous les mains !

Elle décape, récure, frotte à longueur de journée. La saleté la rend nerveuse.

Mon manque d'appétit aussi. Bâti comme un moineau, je rechigne devant mon assiette. Or, ma mère veille avec un soin maniaque à ce que je croisse en volume. Tout doit disparaître ! Mais à quel prix ! Je peux rester des heures à contempler mon écuelle sans trouver le courage d'attaquer un morceau de steak. La vue du sang me dégoûte et je déteste presque autant ce que, en général, les gamins adorent : la purée me donne des haut-le-cœur. Surtout quand elle s'imbibe d'hémoglobine.

Ma mère a du mal à admettre cette aberration :

– Ce n'est pas possible ! Tous les enfants aiment la purée !

Il faudrait toujours que je sois comme les autres, à qui je sais déjà par cœur que je ne ressemblerai jamais. Sur ce terrain, ma mère abuse des comparaisons. C'est d'un pénible !

Mais je ne proteste pas. Je reste là, accablé devant cette perspective : ce que j'observe, la gorge nouée, sera bientôt dans mon ventre. Je visualise le circuit qui conduira le bol alimentaire dans ma panse et cela m'anéantit.

– Mange ! s'obstine ma mère.

Je me lance alors dans le lent travail de la mastication.

– T'as pas besoin de mâcher une purée ! Avale !

Dès qu'elle a le dos tourné, je retire de ma bouche les aliments qui n'ont pas franchi l'étape du gosier et je les planque sous les meubles. Sur le coup, je ne réfléchis pas à la tournure inéluctable des événements. Ce que je sème ici ou là réapparaît, hélas, souvent dans la pelle de sa balayette et me vaut une belle semonce avec force éclats de voix !

Ma mère ressemble aux mères de l'époque, celles de mes copains sont toutes du même moule. La mienne s'en distingue juste par sa façon bien à elle de jurer dans le patois de son enfance :

– *Oukétounnaraguétoupioun !*

Pour les grandes vacances, nous allons chez ses parents, en Corse. J'appréhende la traversée en ferry, à laquelle je pense non stop plusieurs jours à l'avance. À cette époque, je feuillette beaucoup une encyclopédie pour gamins dont une planche illustre la faune monstrueuse qui hante les fonds marins au temps des dinosaures. Toutes ces hideuses bestioles gambadant tranquillement sous l'eau me terrifient. Et si nous coulions ? Le bateau est tellement chargé ! Comment pourrait-il en être autrement ? Arrivé à bon port, j'oublie le terrible voyage.

Mes grands-parents vivent à Olmeto, dans la maison qui jouxte celle où aurait habité Colomba. Une autre nature que ma mère. Une femme capable de prendre le fusil pour venger son père assassiné sous ses yeux. Mon grand-père s'enflamme en me racontant la saga de cette célèbre famille qui a tant marqué les esprits du village.

Mon *babone* m'aime bien. Et c'est réciproque. J'adore glisser ma main dans la sienne et me laisser conduire dans des maisons fraîches aux effluves puissants de charcutailles et de fromages où les anciens du pays se retrouvent pour siroter des petits verres de liqueur tout en discutant dans une langue dont je ne saisis pas un traître mot. On me régale de gâteaux à l'anis arrosés d'un grand verre de citronnade et j'écoute tout : la pendule qui trotte, les langues qui claquent, les mouches qui bourdonnent, la vie qui va, qui vient.

Assis sur une chaise dont l'osier me cisaille les cuisses, j'observe ces gens étranges, tout de noir vêtus, comme affligés d'un deuil permanent. Je sens que la mort est tapie quelque part. Il y a toujours des défunts magnifiques aux portraits flatteurs, couleur sépia, ornés d'une branche luisante de buis. Accrochés aux murs gras de suint, ils évoquent une jeunesse à laquelle je n'arrive pas à croire. Tous me semblent être nés ridés, voûtés. Je ne comprends pas comment l'on peut devenir ainsi. Quelles épreuves marquent ainsi la chair.

De vieilles dames aux lèvres moustachues et aux visages parcheminés me pincent la joue, me demandent ce que je ferai plus tard. Mon grand-père me regarde fièrement et me lance un clin d'œil :

– Il fera pas comme les autres, celui-là !

J'adore suivre aussi mon *babone* lorsqu'il va donner à manger aux cochons. Parfois, des sangliers viennent les chamailler. Mon grand-père les fait fuir en leur lançant des pierres. On en rencontre souvent dans la forêt, couchés au pied de gros chênes ou au milieu de grands fourrés de ronces. Mais ils se cachent aussi sous le couvert dense du maquis.

J'y retourne, souvent seul, prêt à les affronter au cas où j'en croiserais. Loin des autres, je me prends pour un de ces personnages romanesques de la vendetta qui ont peuplé cette terre aride et sauvage. Je pars en expédition au milieu des genêts, des arbousiers, des bruyères, des lavandes dont le parfum m'enivre. Je prépare l'offensive et brasse l'air avec un bâton, repoussant courageusement l'assaut d'ennemis invisibles.

La Corse éveille mes sens. Tous mes sens. Ses beaux paysages aux odeurs de garrigue, et la mer au loin, si bleue, si bleue, m'exaltent. Je la contemple avec un sentiment mêlé d'envie et d'effroi. J'imagine la violence qui règne dans les profondeurs, à des lieues des côtes et des hommes.

De temps en temps on nous emmène dans une petite crique à l'eau transparente. Je ne nage jamais bien loin car je cède à la panique dès que les fonds s'assombrissent. Toujours cette frousse des monstres marins grouillant dans les régions abyssales. De toute façon, nous n'avons pas le droit de nous baigner avant d'avoir digéré le repas de midi. Ma mère redoute trop les noyades liées à l'hydrocution et nous a communiqué son angoisse.

Pour faire passer le temps, Éric et moi jouons souvent à envoyer des galets le plus loin possible dans la mer. Un jour, des gamins du coin déboulent dans la crique et viennent nous défier :

– Alors, les petits Français, on a peur de l'eau ?

Éric a deux ans de plus que moi. C'est à lui que je me suis toujours mesuré. Même s'il me dépasse, je me console à l'idée que, un jour, je rivaliserai avec lui en force. N'est-ce pas mon frère ?

Mais la remarque du Corse me cingle. Je ne supporte pas qu'on doute de mon courage.

Les gamins se sont dévêtus en un éclair et crawlent déjà avec vigueur vers un rocher situé à une centaine de mètres au large.

Mortifiés, Éric et moi lançons toujours nos galets. Mais la petite phrase résonne et bat encore dans mes tempes :

– Alors, les petits Français, on a peur de l'eau ?

Je connais trop bien les expressions de mon frère. Un petit air buté dans les sourcils, le menton renfrogné... Je devine qu'il s'obnubile sur le même sujet que moi.

Nous avons de plus en plus de mal à nous concentrer. Tandis que les rires des gamins résonnent dans la crique, nous continuons notre petit jeu, qui nous paraît maintenant stupide. Mais nous visons mal, nous ratons tout. Qu'attendons-nous donc ?

Sans même nous concerter, nous arrachons nos chemisettes et nous lançons à leur poursuite.

Ce jour-là, j'ai su nager et j'ai atteint le rocher. Le rocher là-bas, dans la mer noire, pleine de toutes ces créatures embusquées dans mes pires cauchemars.

À peine avons-nous jeté un œil à ces pauvres Corses lorsque nous nous sommes hissés avec beaucoup de naturel sur leur promontoire.

2

Nous n'irons plus en Corse. La grand-mère est morte, et le *babone* aussi. Bon pour plastronner entre deux gros jambons au-dessus d'un buffet où rôdent les guêpes voraces, il est parti rejoindre le panthéon des gloires locales.

Désormais, nous passerons toutes nos vacances dans la maison de ma grand-mère paternelle, à Digoin. Très éloignée de l'univers « vendetta ». Ainsi que de notre appartement rikiki de Valence.

Les trente-six hectares, qui appartiennent encore à ma famille et qui sont exploités par des métayers, octroient aux Robert un certain pouvoir dans la région. S'ils ont vendu leurs titres de noblesse et leur particule un siècle plus tôt, mon aïeule est cependant parvenue à maintenir son train domestique. La bonne me concocte des laits de poule que je savoure, la tête enfouie dans un bol, près d'une grande cheminée décorée de faïences, où l'on peut cuire un agneau entier pour régaler des convives.

Curieusement, ma mère se sent plus à son aise dans le fief de son mari qu'à Olmeto. Quoique l'éclat d'autrefois soit un brin terni, il l'éblouit encore. Tout cela la flatte, elle a fait un beau mariage. Bien sûr, mon père n'est qu'un modeste représentant qui, de plus, n'est pas bien doué en affaires. À la mort de ma grand-mère, le patrimoine se réduira à peau de chagrin mais, pour l'instant, nous en profitons.

Je flâne d'une pièce à l'autre, au milieu d'un décor qui fleure bon l'encaustique. Les curiosités qui apparaissent derrière les vitres légèrement ondulées de certains meubles m'émerveillent. On y voit des figurines en porcelaine, de belles naïades figées dans des poses lascives, des soldats de plomb, un lot de médailles et de décorations saluant le mérite d'ancêtres sûrement formidables, des pipes anciennes, des louis d'or, des vases en étain, des bibelots d'un autre temps. Ils ressuscitent un passé révolu dont, sans l'avoir connu, je deviens nostalgique.

Ma mère l'a suffisamment répété à ses enfants :

– Vous avez du sang bleu.

– Du sang bleu ?

Voilà un mystère. Oui, les veines qui courent sous ma peau sont bleutées mais le sang de mes genoux écorchés est bel et bien rouge. Rouge vif.

À cela, ma mère ne sait quoi répondre.

– C'est une façon de parler. Vous descendez d'une noblesse d'épée.

– D'épée ?

Nous finissons par comprendre. Cette noblesse-là est de loin la plus ancienne et la plus prestigieuse. Elle s'acquiert par des hauts faits, des faits militaires, et je me sens tout gonflé d'importance.

Mon exaltation retombe néanmoins aussi sec dès que nous rendons visite aux châtelains des environs, avec qui ma grand-mère s'entend comme larron en foire. Nous y croisons des enfants sages que ma mère, envieuse, dévore des yeux. Elle nous aurait préférés moins sauvages, plus lisses. Nous trahissons peut-être ses origines. Rien à voir avec ces beaux baigneurs roses et blonds accrochés aux jupes de leur mère dont la nôtre semble fan.

Elle porte au pinacle un certain Jean-Charles Balusier, le petit-fils d'une relation de ma grand-mère sur lequel toute la crème que notre aïeule fréquente s'extasie. Il joue du piano et nous inflige de longs récitals après les repas. Si ma grand-mère pique parfois du nez, ma mère paraît transportée par les accords du gentil blondinet. Indifférente aux couacs, elle l'applaudit à tout rompre.

– Et en plus il a un an d'avance !

Nous sommes loin de le prendre pour modèle. Je préfère faire comme mon grand frère. Ce qui revient à commettre pas mal de bêtises.

Nous adorons patiner sur le vieux parquet d'un long couloir au dernier étage, sans craindre les échardes que la bonne et ma mère ôtent minutieusement à la pince à épiler tout en nous maudissant de leur faire perdre leur temps. Ce supplice ne nous décourage pas. L'opération terminée, nous reprenons aussitôt nos joyeuses glissades. Rien ne nous arrête, nous débordons d'énergie. Malgré ses recoins propices à de vraies parties de cache-cache, la grosse bâtisse de ma grand-mère nous paraît cependant bientôt trop étriquée.

Heureusement, il y a un immense jardin clos où ma mère ne craint pas de nous lâcher. On peut le parcourir dans tous les sens sur les vieux vélos que nous avons dégotés au fond d'une remise où s'amoncellent les restes rouillés d'une époque fastueuse.

Le jardinier est censé veiller sur nous mais nous échappons très vite à sa vigilance. Après avoir exploré tous les fourrés de ce paradis verdoyant, nous commençons à nous ennuyer. L'âge d'or de mon enfance s'éteint peut-être sur cette pelouse sillonnée de toutes parts par les pneus à moitié crevés de nos biclous.

Bien sûr, l'idée nous vient d'aller voir ailleurs si l'herbe est plus verte.

La peur de tomber ne m'a pas quitté mais j'ai réussi à la dominer. Je commence à grimper sur les arbres et je suis même plutôt agile. Pourquoi n'irions-nous pas plus loin ? Ma soumission aux ordres maternels s'émousse. Un mur ne limite rien, il s'escalade ! Je trouve de plus en plus de plaisir dans ces transgressions.

Surtout si elles nous permettent de voyager et découvrir d'autres univers. Juchés sur notre chemin de ronde, nous circulons, avec de plus en plus d'aisance, d'un jardin à l'autre, surprenant tout un petit monde se croyant à l'abri des regards.

Nos vadrouilles sont malheureusement compromises lorsque ma grand-mère rend ses invitations. C'est généralement le grand branle-bas de combat. Les domestiques astiquent et nous de même. Car ce retour à la civilisation nécessite un récurage en règle pour paraître les dignes héritiers d'une lignée en mal de dorure. Si nos culottes courtes dévoilent bobos et croûtes en voie de cicatrisation à grand renfort de Mercurochrome, nous sommes néanmoins capables de créer l'illusion. Ma mère nous a appris les bonnes manières. Cela n'empêche. Les galopins que nous sommes s'engourdissent dès qu'ils restent assis trop longtemps.

En effet, nous devons subir la visite en grande pompe des Balusier. Notre mère nous a chargés de distraire son virtuose chéri pendant que les adultes conversent.

– Soyez gentils, occupez-vous-en bien, il est tellement mignon !

Nous l'entraînons déjà dehors, histoire de le déniaiser. J'ai grimpé sur le mur et mon frère lui fait la courte échelle. À deux, nous parvenons à le hisser sur le faîte. Bien qu'il se soit coupé la main sur un tesson de bouteille et que sa confiance en nous soit maintenant pas mal entamée, il accepte de nous emboîter le pas. Hélas, très vite l'aventure tourne mal.

Le berger allemand des voisins nous a repérés et aboie si fort que la propriétaire est sortie de sa maison. Mon frère et moi avons eu tout juste le temps de déguerpir en repartant d'où nous venions mais Jean-Charles, tétanisé, s'est transformé en bloc de marbre. Il n'arrive même pas à se retourner. Il peut cependant nous entendre. Postés non loin de lui, à un endroit d'où personne ne nous voit, nous maintenons le contact.

– T'inquiète pas ! Il montera pas, le chien !

Pour rebrousser chemin, il faudrait que Jean-Charles pivote sur lui-même et ça, il en est tout bonnement incapable.

– J'ai trop peur ! J'ai trop peur ! gémit-il.

Éric blague :

– Fais gaffe, ça les rend méchants, les chiens, quand on a les chocottes !

Jean-Charles panique de plus belle.

– Maman, maman ! larmoie-t-il.

Dès que Jean-Charles amorce le moindre geste, le chien redouble ses aboiements. D'autres personnes ont rejoint la voisine. Un monsieur, surtout, qui n'a pas l'air commode.

– Petit salopiaud ! Alors, comme ça, on va chez les gens sans se faire inviter ?

Jean-Charles n'ose même pas lui répondre. Il sanglote, crie :

– Maman ! maman ! j'ai peur !

– J'aimerais bien la voir aussi, ta mère !

J'avoue vivre mal cet instant. Avec ses épaules qui tressaillent sous sa chemisette blanche toute tachée de sang, Jean-Charles m'attendrirait presque.

– Il faut qu'on prévienne Mme Balusier ! dis-je à mon frère, pris soudain d'une pitié irrépressible.

– Pour recevoir une rouste, merci bien !

Je finis par le convaincre :

– On n'a pas d'autre choix ! De toute façon, on va nous tuer !

Et nous voilà dans le salon de ma grand-mère, au milieu des convives étonnés de ne plus voir Mozart avec nous.

– Qu'avez-vous fait de Jean-Charles ? s'inquiète ma mère qui pressent le pire.

– Il est coincé, bredouillons-nous.

– Coincé où ?

L'apparition de la bonne nous évite de laborieuses explications. Au clin d'œil qu'elle nous lance, nous comprenons qu'elle est déjà au courant. Elle annonce à ma grand-mère que le voisin veut lui parler.

– Il ne peut pas attendre ?

La bonne se gratte la gorge en se dandinant d'un pied sur l'autre :

– C'est... important.

– Important ? Que me veut-il, celui-là ? maugrée ma grand-mère.

– Il semblerait que Jean-Charles soit dans son jardin.

Ma mère nous fusille du regard.

– Comment a-t-il atterri dans le jardin du voisin ?

– Par une échelle, répond la bonne. Le voisin a dû aller lui-même le récupérer.

Quelques minutes plus tard, nous escortons ma grand-mère chez les voisins, à qui nous avons ordre de présenter nos excuses.

– Pourquoi ? osons-nous demander.

– Parce que vous avez commis une effraction !

Au retour, il faut subir la colère de ma mère. Quant à ma grand-mère, elle n'a nul besoin d'élever la voix. Sa nuque raide et ses sourcils froncés nous glacent l'échine.

Ma mère croit bon de nous sermonner encore le soir, avant de nous coucher. Assise au bord du lit, elle débonde sa rancune.

– Vous vous tenez mal ! J'ai honte !

Nous baissons les yeux, les premiers convaincus que nous ne sommes pas les enfants modèles qu'elle avait tant souhaités.

– Des garnements ! Voilà ce que vous êtes ! fulmine-t-elle.

Désormais, elle hésite à nous emmener lors de ses fameuses visites de courtoisie. Quand elles sont incontournables, ma mère anticipe le pire. La veille, elle nous inspecte des oreilles aux orteils et nous adresse ses dernières recommandations :

– Vous ne parlerez pas à table ! D'accord ?

– D'accord.

– Vous ne gigoterez pas sur vos chaises. D'accord ?

– D'accord !

– Vous mangerez tout ce qu'il y a dans votre assiette. D'accord ?

– D'accord.

Nos acquiescements l'agacent.

– C'est ça : cause toujours, tu m'intéresses ! Mon Dieu ! Qu'ai-je fait pour avoir des enfants pareils ?

Le lendemain, cela ne se passe en effet pas toujours très bien. Mon frère et moi pouffons dans nos serviettes, battons des jambes sous la nappe.

Un jour, je casse un verre. Ma mère devient blanche comme un linge. Je reçois immédiatement une bonne calotte sur le crâne.

Elle hurle dans la voiture au retour :

– Plus jamais vous ne m'accompagnerez ! Plus jamais ! Vous ne savez pas vous tenir.

Quelque chose se passe en moi à cet instant. Qu'elle crie ! Qu'elle frappe !

Je deviens enfin indifférent. Je deviens enfin une forte tête.

3

Enfants turbulents et rebelles, nous ruinons les espoirs de notre mère. En tout cas, nous ne formons certainement pas la famille idéale qu'elle souhaitait fonder en épousant un sergent-chef de l'armée de l'air à Oran. En embarquant sur un des gros navires qui rapatriaient des milliers de colons, elle rêvait d'autre chose. Cet exode n'avait pour elle rien d'un retour sans gloire, c'était un nouveau départ. Au bras de son fringant militaire qui avait choisi pour femme une modeste secrétaire, elle ne partageait pas forcément l'amertume d'exilés involontaires. Elle avait confiance dans l'avenir; elle allait enfin se bâtir une existence confortable vers laquelle la portaient depuis si longtemps ses aspirations, loin de son maquis corse, sur la terre ferme du continent où tout était à reconstruire.

Je suis conçu de l'autre côté de la Méditerranée, en pleine crise algérienne, mais je nais dans une France qu'on décrit heureuse, celle des Trente Glorieuses. Bien que nous ne vivions pas dans le luxe, mon père nous offre une assise sociale rassurante. Il a quitté le ministère des Armées et s'est engagé dans une carrière commerciale prometteuse. Dans les années 1960, les télécoms sont en plein boom. Or, mon père propose aux entreprises de la région des standards téléphoniques.

Dans le privé, il ne se hisse pourtant pas à la pointe du progrès. La télévision s'introduit tardivement à la maison, suite à une déclaration de la Nasa qui annonce, tambour battant, le lancement de la mission Apollo 11.

– Ça, ça ne se rate pas ! a décrété ma mère.

Le poste trône sur un meuble en acajou. Une clé que la maîtresse des lieux garde précieusement ferme un petit volet situé sur le côté droit. Il masque une multitude de boutons fins comme des allumettes qu'il faut manipuler avec doigté pour obtenir des images nettes. On ne capte pas toujours bien les deux chaînes, ce qui me semble très mystérieux. En cas de brouillard intempestif, c'est à mon père que revient l'exclusivité d'intervenir.

Tandis qu'il tourne délicatement les minuscules tiges, je lui pose des tas de questions dont une, essentielle :

– Comment ça marche ?

– C'est compliqué.

Ce genre de réponse ne m'ayant jamais satisfait, j'insiste.

– Demande à ta mère, s'énerve mon père.

Ma mère ne lâche guère plus d'explications :

– C'est comme pour la radio.

Énigme supplémentaire. Plus petit, je regardais souvent par un minuscule trou sur l'arrière du transistor pour tenter d'apercevoir les gens qui parlaient. Je me les figurais de taille miniature, un peu comme ces Lilliputiens qui fourmillent dans *Le Voyage de Gulliver* dont une belle version illustrée orne l'étagère de ma chambre.

– Et ça marche comment, la radio ?

– Ce sont des ondes.

– Des ondes ?

– C'est comme quand on jette un caillou dans l'eau.

Je pense au puits autour duquel Éric jouait dangereusement. Quel rapport avec la radio ou la télévision ?

– Ça fait des ronds tout autour, poursuit ma mère.

– Et alors ?

– Eh bien, ces ronds deviennent de plus en plus grands...

– Et alors ?

– Et alors ? Et alors ? Un son, une image, dans les airs, ça fait la même chose que le caillou dans l'eau.

Tout cela demeure trop abstrait pour moi.

– Mais d'où on les jette, le son et l'image ?

Le visage de mon père s'éclaire enfin :

– Depuis une antenne.

– Une antenne ?

– Oui, une antenne. Elle est placée très très haut dans le ciel.

– Où ça ?

De nouveau, ma mère vole au secours de mon père :

– Il y a une antenne sur la tour Eiffel.

– Ta mère a raison. C'est de là que partent les sons et les images. Pour la radio comme pour la télé.

– On ira un jour sur la tour Eiffel ?

– Si tu es sage, oui.

Je connais cette drôle de construction en dentelle de fer. Elle mesure à peine la taille de ma main et affiche la température sur un meuble de la cuisine. J'ai du mal à me représenter ce thermomètre en grandeur nature. Et je conçois encore moins la trajectoire des ondes dont me parlent mes parents.

Une nuit de juillet, nous assistons donc en direct à l'alunissage de Neil Armstrong. Exceptionnellement, notre mère nous a autorisés à sortir de nos lits pour suivre son exploit. *C'est un petit pas pour l'homme mais un bond de géant pour l'humanité.* Cette retransmission incroyable à l'échelle planétaire me tient éveillé jusqu'aux aurores. À l'aide d'une paire de jumelles que j'emprunte à mon père, je tente vainement de percevoir une trace de fusée dans le ciel noir. Le spectacle n'est pas au rendez-vous. La télévision magnifie l'invisible et me montre ce qui échappe à l'œil nu. Ce qu'on appelle la lucarne nous ouvre bel et bien le monde et même l'univers, cet infiniment grand qui paraît si infiniment petit dans les yeux de l'ingénu que je suis.

Très vite, le téléviseur constitue le centre de gravité de notre petit intérieur. S'il nous laisse entrevoir les nouveaux espaces à la conquête desquels s'envolent de beaux astronautes aux cheveux courts, aux maxillaires carrés et aux uniformes impeccables, il nous plonge aussi dans des passés légendaires, des territoires vierges de toute civilisation où l'on peut chevaucher des pur-sang une journée entière sans rencontrer âme qui vive et s'endormir en jouant de l'harmonica auprès de grandes flambées qui font pâlir les étoiles.

Le dimanche, l'ORTF fait découvrir aux Français moyens les grandes plaines de l'Ouest américain. Les westerns de mon enfance façonnent mon rapport à la nature et même à mon propre corps. Je me glisse dans la peau d'un de ces cow-boys solitaires qui errent dans l'immensité. La démarche désinvolte, le menton haut, les épaules bien relevées pour me donner une carrure, je voudrais devenir un autre et prendre de la distance avec un cocon familial qui, déjà, m'asphyxie.

Juché sur le marchepied de la salle de bains, je m'inspecte dans le miroir au-dessus du lavabo et je n'aime pas ce à quoi je ressemble. Je n'ai rien d'un John Wayne. Et je n'ai pas encore l'idée d'exploiter un physique qui tient plus de l'Apache que du vacher américain.

Animés d'un même esprit guerrier, Éric et moi sommes très attirés par les armes. Un morceau de bois, une balayette, le moindre ustensile fait l'affaire. Les « Pan, t'es mort » émaillent nos jeux. Aussi, chacun de nous obtient après moult réclamations, à Noël, le fameux cadeau plébiscité par tout garçon normalement constitué : la panoplie du parfait cow-boy avec le chapeau, le ceinturon doté d'un étui, l'étoile du shérif et, bien sûr, le revolver.

La cour de notre immeuble devient alors le théâtre d'une guéguerre sans merci que nous livrons à tous les galopins du quartier. En un rien de temps, nous avons brûlé toutes nos cartouches. Bien sûr, nous supportons mal notre frustration. La petite épicerie au bout de la rue vend bien des rouleaux d'amorces mais ce n'est pas avec nos maigres économies que nous pourrions nous les offrir.

Une idée germe dans la tête de mon grand frère :

– On va proposer à maman d'aller faire des courses !

Nous voilà soudain devenus d'une extrême serviabilité. Ma mère hésite puis finit par céder. Il y a bien un moment où les enfants doivent prendre leur envol. Elle nous écrit la liste des commissions sur un bout de papier. Dès que le marchand a le dos tourné, nous en profitons pour chaparder ce qui nous manque. Notre manège ne dure malheureusement pas longtemps. Le commerçant finit par nous soupçonner sans parvenir à nous coincer. Un jour, il nous fouille alors que nous venons de quitter la boutique. Heureusement, nous avons eu le réflexe de jeter les munitions dans le caniveau. Il ne trouve rien sur nous.

Il faudra donc se contenter de nos revolvers vides. Plus de bruit, de flamme, de fumée, d'odeur de soufre. C'est dur.

Un feuilleton nous sauve du désespoir. Celui dans lequel apparaît mon premier véritable héros, Robin des bois, un preux chevalier à qui je m'identifie réellement. Après nous être méticuleusement décapé les phalanges à la pierre ponce – hors de question d'importer des microbes sur le canapé de peluche grise! –, mon frère et moi avons le droit de suivre ses aventures au cœur de la forêt de Sherwood en attendant l'heure du dîner, dont les sifflements de la cocotte-minute SEB signalent, hélas, l'imminence.

J'apprends peu à peu à faire abstraction de mon environnement et même du décor en carton-pâte de cette série primitive en noir et blanc. J'ai vraiment l'impression de vivre les folles équipées de ce redresseur de torts. Je sais maintenant ce que je ferai plus tard.

Adroit de ses mains, Éric m'apprend à fabriquer des arcs avec des branches et de la ficelle. Nous devenons progressivement capables de décocher des flèches à une distance respectable.

Mais nous aimons bien manier aussi l'épée. Surtout depuis que Zorro est apparu sur le petit écran. C'est lui qui devient sans conteste mon modèle, qui éclipse tous les autres, en raison sans doute de sa double personnalité si fascinante. Grâce à lui, j'acquiers la certitude que les apparences sont trompeuses. Ainsi, ce jeune oisif qu'on croit essentiellement préoccupé de futilités peut paradoxalement révéler sa véritable personnalité derrière un masque et surgir là où on ne l'attend jamais pour défendre les opprimés et rétablir la justice, avant de disparaître dans la poussière que soulèvent les sabots de son destrier.

Cette idée-là m'apporte un réconfort indicible. Alain Robert n'est pas celui qu'on croit. Il est bien mieux qu'un garçon timoré.

Je reçois enfin à un anniversaire le costume complet de mon héros. Je porte dorénavant un grand chapeau, une cape et un masque, et à la pointe de mon épée je trace vigoureusement d'immenses Z dans l'air pour stopper une diligence et soutirer l'or de riches voyageurs afin de le reverser aux pauvres.

Pourquoi ? Je suis très tôt sensible à la misère. Peut-être parce que je passe toujours devant le même clochard quand j'accompagne ma mère faire ses emplettes dans le centre-ville.

Il tire derrière lui une vieille carriole à moitié protégée par un parapluie déglingué. Cet étrange équipage véhicule toutes sortes d'objets hétéroclites, dont des vieux journaux mais aussi des casseroles, un balai et une poupée qui me met fort mal à l'aise quand je croise son regard. Une de ses paupières est close, si bien que j'ai toujours l'horrible impression qu'elle cligne d'un œil et qu'elle cherche à m'interpeller.

Ce clochard essaie lui aussi d'entrer en contact avec moi.

– Hou, qu'il est mignon, ce petit bonhomme !

Ma mère maugrée et me tire à chaque fois par la manche.

– Il n'est pas méchant, le monsieur, lui dis-je.

J'essaie de le défendre mais, au fond de moi, j'ai peur de lui aussi, même si je m'en veux d'éprouver ce sentiment. Ma mère ne ressent, elle, aucune compassion pour ce genre d'individus. Et je ne veux pas penser comme elle.

– Tu vois pas que c'est un fou ?

– Pourquoi un fou ?

Elle sèche tout de même sur le sujet, un peu comme pour la télévision.

Je finis par m'habituer au clochard, je me force à le regarder bien en face. Tout me bouleverse chez lui. Ses vêtements loqueteux, ses cheveux sales... et cette carriole... et cette poupée... Mais je refuse de baisser les yeux.

– Il habite où, tu crois ?

– Nulle part. C'est sa maison qu'il traîne avec lui.

Elle est beaucoup plus touchée par les déboires des princesses, dont elle ne rate aucune des aventures dans *Point de vue*, le magazine auquel elle est abonnée. Espiègles, mon frère et moi griffonnons de grotesques moustaches sur les figures des têtes couronnées qui illustrent les couvertures.

Je n'ai encore aucune conscience de classe. Je trouve juste ridicule ces princes et ces princesses sur lesquelles elle se pâme.

J'aime déjà les marginaux.

4

Je m'arrange toujours pour être assis près de la fenêtre, mon magazine *Picsou* discrètement ouvert sur les genoux. Quand je lève les yeux, c'est pour regarder les arbres dans la cour. Ils me semblent plus vivants que tous les pantins autour de moi. Leurs formes, leurs couleurs changent avec les saisons et ces métamorphoses me fascinent. Les bourgeons, les feuilles mortes, les branches dénudées, tout me plaît. J'en dessine beaucoup, je m'applique à reproduire les troncs noueux et les ramures amples ou élancées dans lesquelles se réfugient des oiseaux. Une multitude d'oiseaux. J'adore observer les hirondelles. À l'approche d'un orage, elles virevoltent, slaloment entre les poteaux du préau, frôlent les façades, presque à ras du sol. Elles en ont de la chance, de pouvoir faire comme bon leur semble !

– Robert ! Qu'est-ce que j'étais en train de dire ?

On m'a appelé ?

Je déteste l'école. L'école et ses produits dérivés : les premiers de la classe, les devoirs à faire, les cours qui m'ennuient à mourir et cette maîtresse autoritaire.

– Désolé de vous réveiller ! Ici, la terre.

Rires. Têtes hilares de mes petits camarades.

Les poings sur les hanches, Mme Pageot me fusille du regard :

– Continuez comme ça ! Vous irez loin.

On a convoqué mon père. Et mon père est rentré, furieux.

– Alors, comme ça, tu passes ton temps à rêver ?

J'ai une grande facilité à m'abstraire, m'isoler du reste du monde. Je crois que j'ai développé cette aptitude dans mon enfance, près des grandes baies vitrées des classes que j'ai fréquentées. Je ne suis ni bon ni mauvais. Je comprends ce qu'on y raconte mais je ne vois pas l'intérêt d'apprendre toutes ces choses. Je me moque de retenir l'année où a eu lieu le sacre de Charlemagne ou la bataille de Marignan. L'histoire ne me passionne pas encore. Ma curiosité intellectuelle, je l'admets, est limitée.

Il faut connaître par cœur des dates, mais aussi des résumés, des poésies et des tables de multiplication. Chaque jour, ma mère me fait réciter mes leçons alors que j'ai la tête ailleurs. Droit comme un I, j'ânonne des mots et des chiffres, pressé de m'en débarrasser pour aller jouer dans la cour de l'immeuble avec mon frère qui subit le même sort et trépigne tout comme moi.

Notre mère voudrait que nous soyons de brillants élèves. Elle voit bien que ce n'est pas gagné. Certes, ma mémoire est bonne mais je m'adapte mal au système scolaire.

Mon problème de latéralisation n'arrange rien. Je suis en effet gaucher. Et ce n'est pas tout: j'écris aussi de droite à gauche. Une vraie tare. Je trace des mots qui s'ordonnent dans le sens inverse du mode de lecture normal. Ils semblent être reflétés par un miroir.

– Décidément, tu ne peux jamais faire comme tout le monde! tempête mon père.

Mme Pageot lui a conseillé de me faire écrire en m'attachant la main gauche dans le dos. Peu à peu, je parviens à utiliser correctement ma main droite et aller dans le bon sens. La maîtresse s'attarde à mon pupitre dès qu'il faut rédiger. Je sens son regard peser sur mes épaules, mes doigts, mon cahier qu'elle repositionne. Elle se moque de mes contorsions. Et la classe en profite pour rire de moi.

Je garde un mauvais souvenir de tout cela. Je ne me sens pas en phase avec les autres. Ma manière d'écrire m'a-t-elle démarqué d'eux?

Ne mentons pas. J'ai envie à la fois de leur ressembler et de m'en distinguer. Je veux les battre sur tous les terrains, en maîtrisant leur savoir-faire sans renier celui qui me singularise. Personne ne se doute de ce qui se trame dans ma tête. Je reste discret, tapi près de ma fenêtre, à griffonner sur mes buvards ou mes cahiers de brouillon. Oui, je serai comme eux, mais je serai aussi mieux qu'eux. Maintenant que j'ai été rééduqué, je sais parfaitement utiliser mes deux mains. À présent, je suis capable d'écrire n'importe quoi des deux côtés, et cela dans une rigoureuse symétrie.

Je n'en fais pourtant pas étalage. Un jour, l'institutrice me surprend en train de gribouiller sur une feuille. Elle ne voit que mes dessins : mes arbres avec leurs branches tourmentées où viennent se poser des oiseaux. Elle montre aux élèves la feuille, où j'ai donné libre cours à ma fantaisie.

– Alors, monsieur Robert, on joue à l'artiste ?

Elle demande de nouveau à voir mes parents. Se plaint de mon attitude. Mon père revient du rendez-vous furieux.

– Tu es content de toi ?

Je rentre la tête. Il hausse le ton :

– Eh bien, si tu ne veux pas travailler en classe, tu travailleras à la maison ! Et pas qu'un peu ! Apporte-nous ton cahier de textes.

Mon père est assis. Ma mère se tient debout derrière lui. Une configuration qui ne laisse rien présager de bon. Je déglutis.

– Mon cahier de textes ?

Mon père ne me donne guère le temps de trouver une parade.

– Apporte-moi ton cartable !

Je reviens avec le cartable que je lui tends, stoïque. Il l'ouvre. Un rictus déforme soudain sa lèvre.

– Tiens, tiens ! On lit *Picsou* en classe ? Bravo !

Piteux, j'attends la claque sans même lever un bras pour parer le coup.

– Eh ben voilà ce que j'en fais, de ton *Picsou* !

Il déchire mon magazine. Et je pleure, comme un vrai gosse.

Lorsque le directeur de mon école nous présente un beau matin la jolie rousse qui va remplacer pendant quelques mois notre institutrice, absente pour d'obscures raisons, je suis en joie. Nous le sommes d'ailleurs tous, filles ou garçons.

C'est que Mlle Rolland n'a strictement rien à voir avec Mme Pageot. Elle fait la moitié de son âge et ses jupes la moitié des siennes.

La France vient de s'offrir la révolution culturelle du siècle. J'entre en primaire au moment où Mai 68 impose de nouvelles règles, de nouveaux codes. On a retiré la clôture qui séparait les filles des garçons dans la cour. Et les classes sont devenues mixtes. Pour le reste, le changement n'est pas radical. Loin de là. La vieille garde, toujours en place, défend son pré carré. On voit souvent la nouvelle institutrice, seule, assise sur son banc, plus ou moins mise à l'écart par ses collègues. Les filles, qui jouent à l'élastique, essaient d'attirer son attention mais leur manège semble la laisser indifférente. Elle paraît la plupart du temps rêveuse. Bref, je tombe un peu amoureux de cette maîtresse si romantique et je commence à écouter en classe.

Elle a des manières aussi très différentes d'enseigner. On ne fait plus du tout comme avant.

– Les homonymes. Vous savez ce que c'est ?

Généralement, on ne nous demande pas trop de réfléchir. Face à la consternation unanime, elle poursuit :

– Vous connaissez bien des mots qui se prononcent de la même manière. Dites-les.

Elle insiste :

– Pensez à quelqu'un très proche de vous.

Nous nous regardons les uns les autres, un peu bêtement. Elle sourit :

– Quelqu'un qui n'est pas ici mais plutôt... plutôt chez vous... Une dame...

Un gamin hasarde :

– Notre maman ?

– Bravo ! Et comment appelle-t-on aussi sa maman ?

– Une mère ?

– D'accord. Et mer ? Ça peut vouloir dire autre chose ? non ?

– La mer ! la mer ! hurle la fillette du premier rang, le doigt hissé en l'air. La mer où on se baigne.

– Oui, la mer, l'océan. La mère, maman, et la mer, l'eau. Voilà deux mots qui ont la même sonorité. Il y en a un autre qui se prononce de la même façon. Cherchez !

– Le maire d'une ville, dit un bigleux qui, soudain, s'intéresse au cours.

Mlle Rolland parvient à mobiliser la classe entière. Je décroche enfin de mes dessins et gribouillages pour lever les yeux vers l'estrade. La maîtresse s'est retournée pour noter les mots au tableau. J'aimerais passer mes mains dans ses boucles rousses.

– Vous voyez. Ces mots ne disent pas la même chose et ne s'écrivent pas pareil. Mais attention ! Il y a des mots qui s'écrivent à l'identique et qui n'ont pas le même sens non plus. Celui-là, par exemple.

Elle écrit alors en majuscules DON. Nous explique l'étymologie, ses différentes définitions, de la plus concrète à la plus abstraite :

– Quand on donne quelque chose, on fait un don. Par exemple, mon grand-père m'a fait don de ses soldats de plomb. Mais on peut dire aussi : quelqu'un a un don.

Elle nous laisse deviner ce que ce mot signifie. Mais nous pataugeons. Même le bigleux ne sait pas.

– Un don, c'est une aptitude qu'on a pour quelque chose, reprend-elle. Un don pour peindre, dessiner, jouer d'un instrument...

Cela ne fait pas encore tilt. Elle précise :

– Il y a des personnes qui savent accomplir des choses incroyables. Vous n'en connaissez pas ?

– Si ! dit l'un. Jésus ! Jésus !

– La fée Clochette ! dit l'autre.

Les doigts jaillissent à travers la classe. Mlle Rolland donne la parole à tous. Ça encore, c'est nouveau.

– Et parmi vous ? Il n'y en a pas qui ont des dons ?

De nouveau, les gamins s'observent, pouffent. Moi, j'ai le cœur qui bat à rompre dans la poitrine. Je lève enfin la main.

– Oui ? Alain ?

Elle connaît mon prénom et cela me procure soudain une assurance folle :

– Moi ! Moi, j'ai un don.

J'entends des rires mais ils n'entament pas la confiance que je puise dans le regard bienveillant de la maîtresse.

– Quel don as-tu, Alain ? Dis-nous.

– Je sais écrire des deux mains.

– Tiens, tiens... dit-elle avant d'ajouter vivement, en me tendant déjà la craie : tu nous montres ?

Toutes les têtes sont tournées vers moi. Quelques-unes affichent un petit sourire goguenard qui me met tout à coup mal à l'aise. Une boule grossit dans ma gorge.

– N'aie pas peur. Viens nous montrer.

Des étoiles brillent dans ses yeux. Je reprends contenance et me dirige enfin vers l'estrade et le grand tableau noir.

– Il m'en faut deux, dis-je, sur un ton presque ferme.

Elle paraît un brin décontenancée :

– Deux ?

Je hoche le menton :

– Deux craies.

Reprenant ses esprits, elle me donne les deux craies que je saisis sans même dire merci avant de me retourner vers l'immense surface d'ardoise. Puis, me dressant sur mes orteils, j'écris en grand et double exemplaire, avec force pleins et déliés, mon prénom et mon nom. Selon la technique que je cisèle depuis des semaines. Alain Robert à l'endroit, Alain Robert à l'envers.

Je recule d'un pas, contemple mon œuvre, fièrement. Je sens bien la classe derrière mon dos. Tout le monde est baba. Et en premier Mlle Rolland dont le visage s'illumine et qui s'exclame :

– Tu as de l'or dans les mains, Alain ! De l'or !

5

C'est en regardant un dimanche après-midi le film américain *La Neige en deuil* à la télévision que je découvre ma vocation.

Le scénario se fonde sur une histoire vraie. En 1950, l'avion qui assurait la liaison Londres-Bombay s'est écrasé dans les Alpes du Nord, tuant son équipage et ses quarante passagers, puis, quelques jours plus tard, une trentaine d'éclaireurs venus porter secours aux éventuels rescapés. Ironie du sort : leur guide a chuté dans une crevasse, à une centaine de mètres du lieu où une avalanche avait emporté son frère, dix ans plus tôt.

La catastrophe a inspiré à Henri Troyat un roman que les Américains ont adapté au cinéma en confiant les rôles principaux à deux acteurs charismatiques : Spencer Tracy joue l'ancien guide de montagne qui ne s'est jamais relevé d'une randonnée où l'un des touristes qu'il cornaquait a dévissé ; Robert Wagner, le jeune frère du vieil alpiniste que ce dernier considère comme son fils, un bellâtre qui rêve de quitter son village alpin et de mener la belle vie. On propose au premier de monter une expédition pour gagner le sommet de la montagne où l'avion a piqué du nez. Mais il refuse. Plus jamais il n'ira là-haut. Le second ne l'entend pas ainsi. Son idée? Parvenir jusqu'à la carcasse de l'engin pour dépouiller les cadavres. Spencer Tracy est horrifié par son abject projet mais le croit assez déterminé pour se lancer dans cette ascension, même en solo. Voilà pourquoi il accepte de l'accompagner.

Leur équipée me tient totalement en haleine. Car, bien sûr, rien ne va. La météo, d'abord clémente, devient calamiteuse. Le vent, qui se lève, annonce les pires intempéries et les deux hommes, après avoir gravi la paroi verglacée en s'aidant de piolets, cherchent un abri afin de se protéger et de souffler un peu. Pour cela, ils doivent encore monter vers une corniche particulièrement délicate d'accès. Or, ils ont déjà atteint une très haute altitude et le jeune, qui manque pour le moins d'expérience, se trouve en grande difficulté. Son frère s'épuise à le retenir en donnant du mou à la corde. Les mains en sang, il finit par le hisser au prix d'un effort surhumain.

La suite est tout aussi tendue. Pendant que le cadet fouille les malheureux trépassés et que l'aîné, soucieux du repos des âmes, leur confectionne des croix avec des pièces de métal qu'il récupère sur l'appareil en miettes, tous deux découvrent dans la carlingue, gémissant sous un manteau de fourrure, une survivante qui déclenche une dispute entre eux alors qu'une violente tempête se déchaîne dans l'obscurité crépusculaire et glaciale. Robert Wagner serait prêt à étrangler la malheureuse, seul témoin de son infâme pillage mais le vieux montagnard lui évite cette horrible fin en la sanglant sur une civière pour la redescendre au village.

L'intrigue ne peut que remuer profondément un gosse émotif, un peu fleur bleue, épris aussi de sensations fortes. Je n'ai encore aucune idée du rapport entre hommes et femmes mais l'attitude de Spencer Tracy envers la belle étrangère, une Hindoue aux longs cheveux noirs et luisants, me paraît formidablement chevaleresque. Difficile de m'identifier à lui, vu son âge. Je serais plus proche du jeune frère mais celui-ci se comporte de bout en bout de façon trop odieuse. Tout cela reste cependant très moral puisque, en châtiment sans doute de son ignoble conduite, il finit par disparaître au fond d'une crevasse tandis qu'arrivent sans encombre au village la ravissante Hindoue et son sauveur. Bien entendu, le guide raconte très différemment l'épopée pour sauver la mémoire de son frère.

Ce film agit sur moi de façon un peu étrange. Il m'ouvre d'abord les yeux sur les montagnes, toutes les montagnes. Or, les environs de Valence ne manquent pas de relief. Surgit du même coup une évidence : l'aventure est à portée de main. J'intériorise en outre le personnage principal, Spencer Tracy, dans lequel je vois soudain un modèle à suivre, plus réaliste qu'un Zorro ou un Robin des bois. Je me repasse les scènes les plus fortes. Les plus sentimentales aussi. Quand le vieil acteur redescend vers la vallée et qu'il parcourt les derniers mètres en portant la magnifique jeune femme dans ses bras, je suis très excité. Il n'y a pas que les filles qui sont romantiques. Les petits garçons fantasment aussi !

Durant des années, je serai habité par cette histoire. À l'âge adulte, je trouverai un peu ridicules les horizons trop léchés et les décors en carton-pâte de cette production hollywoodienne en Technicolor que je serai amené à revoir par pure nostalgie ; mais, à 8 ans, il me révèle à moi-même.

Dès le générique final, je décide en effet de mettre tout en œuvre pour devenir à mon tour guide de montagne et réaliser un exploit.

Ce qui est fort probable, car mon frère et moi battons des records pour ce qui est d'expérimenter des jeux particulièrement originaux. Question bravoure, nous sommes dorénavant à égalité. J'ai largement rattrapé Éric depuis ma petite enfance où la phobie du vide me paralysait.

Nous avons récupéré de vieilles paires de skis chez le marchand de sport qui nous voit souvent traîner au rayon « montagne ». Il nous a d'abord un peu questionnés :

– Vous allez aux sports d'hiver ?

Alors que je bafouille, mon frère me donne un bon coup de coude dans le ventre.

– Oui, oui, répond-il tout guilleret. Mon père nous emmène à Chamrousse.

– Tenez, cadeau ! Vous m'enverrez une carte postale !

Nous repartons, les bras chargés de ces vieilles planches dont le commerçant ne sait comment se débarrasser. Il est bien sûr hors de question que nous allions skier. Mes parents estiment que cette activité concerne uniquement l'élite. Qu'à cela ne tienne ! L'immeuble familial vaut bien une station de sport d'hiver.

Nous voilà chaussant les skis en haut de l'escalier, prêts à dévaler toutes les marches jusqu'au rez-de-chaussée. Cette plaisanterie n'est malheureusement pas du goût de la concierge. Elle vient s'en plaindre auprès de ma mère.

Celle-ci enrage :

– On passe pour qui ?! Vous n'êtes que des voyous ! Des voyous !

Le soir, la crise redouble au retour de mon père. J'ai l'impression que mes parents se montent contre nous : mon frère et moi sommes de la mauvaise graine. Nos résultats scolaires les déçoivent amèrement et nos performances sportives – il faut tout de même être champion pour skier dans un escalier – les laissent de marbre. En collant l'oreille contre leur porte, nous les entendons parfois discuter dans leur chambre. Cela tourne toujours autour du même sujet :

– On n'en fera rien de bon ! Si, au moins, ils s'intéressaient à quelque chose, à part faire les andouilles !

Ils ne cherchent pas à nous comprendre, sans doute parce qu'ils sont incapables d'imaginer ce qui se passe dans la tête de gamins débordants d'énergie.

Nous éprouvons un besoin vital de nous dépenser mais nos pauvres moyens nous limitent. Nous ne sommes peut-être pas nés dans la bonne famille : mon père ne nous propose jamais d'activités sportives qu'on pourrait pratiquer avec lui et ma mère, qui est obsédée par son ménage, nous sert toujours la même excuse :

– Il est fatigué, votre père ! Lui, il travaille !

C'est vrai qu'il se déplace beaucoup sur les routes pour proposer ses standards téléphoniques mais je saisis mal en quoi son métier peut le surmener. J'aurais tellement aimé avoir un père différent, avec qui j'aurais pu faire toutes ces choses qui se font seulement entre hommes. Je n'exprime pas mon ressentiment car, malgré son manque d'envergure, il m'impressionne trop. Nous ne partageons aucune complicité. C'est du moins ce que j'estime.

A-t-il deviné mes attentes ? Un soir, à la fin d'un dîner, il me dit :

– Ta mère et moi, on a réfléchi. On voudrait t'envoyer en colonie de vacances au mois de février.

J'ose à peine y croire. J'articule timidement :

– Où ça ?

– Dans le Diois.

J'avais cru un instant qu'il m'offrirait enfin un séjour au ski. Je suis refroidi.

– Ça devrait te plaire, ajoute-t-il, indifférent à mon trouble manifeste.

La main posée sur celle de ma mère, il me regarde avec un petit sourire dont je ne sais quoi penser. La lampe jette un grand halo lumineux sur la table. C'est un dîner ordinaire et, pourtant, je sens qu'il va se passer quelque chose. Je hasarde :

– Pourquoi ça devrait me plaire ?

Son petit sourire n'a pas quitté ses lèvres et il tapote gentiment la main de sa femme.

– Parce qu'il y a des montagnes.

L'émotion est si forte que je suis incapable de répondre quoi que ce soit.

Alors que je quitte la table, mon père lance :

– Et puis, ça te fera du bien, ces vacances sans ton frère !

Éric va me manquer très vite. On m'a collé chez les juniors, de gros bébés trouillards ou des petits caïds pleins de mépris à l'égard de ma taille. Depuis la maternelle, on se moque de ma stature. À défaut de me faire grandir, l'école a cependant forgé mon caractère. J'ai l'habitude des railleries et je m'échappe... par le haut. Dès que je peux, je grimpe la façade de la bâtisse où nous logeons. Je m'assois sur le toit et je regarde tout ce petit monde avec indifférence. De temps en temps, je vois les plus grands partir pour de longues journées en montagne. Ils font de la varappe. Varappe ! Le mot me fait rêver.

Un des derniers jours, un gamin me dénonce auprès du moniteur qui chapeaute les plus âgés. Évidemment, il m'intime l'ordre de redescendre et je me prépare à une bonne semonce. Redescendu sur terre, je ne le sens pourtant pas très fâché. Ses yeux paraîtraient presque rieurs.

– Tu nous accompagnerais demain dans une randonnée ?

Je suis tellement surpris que je bafouille. Je ne réponds en tout cas rien d'intelligible.

– Alors ? Tu viens avec nous ou pas ?

Le lendemain matin, je me retrouve à l'école d'escalade, au pied d'une paroi d'une vingtaine de mètres. Une corde autour de la taille, je me lance à l'assaut de mon premier sommet. Je pose mes pieds et mes mains sans trop réfléchir. Dans les voies parallèles à la mienne, les élèves sont moins intrépides.

– Allez, on avance ! On avance ! Regardez Alain ! Il avale ça les doigts dans le nez ! lance le moniteur à certains, tétanisés face au vide.

Ce vide que j'ai déjà expérimenté et dont j'ai parfaitement conscience mais qui, bizarrement, me stimule. Mieux. M'exalte ! Sûr de moi, je me fie à mon instinct, j'aime le contact direct avec la roche et j'ai l'impression qu'elle ne peut me vouloir aucun mal. Le moniteur me félicite :

– Tu as le sens de l'équilibre, et tu te sers bien de tes pieds !

Je me répète mentalement cette petite phrase toute la journée. Au retour, je lui confie mon envie de devenir guide de montagne. Il sourit :

– C'est un métier très exigeant, techniquement, physiquement, et c'est dangereux. Et puis, il n'y a pas beaucoup de débouchés. Mais pourquoi pas ?

Je le prends pour un encouragement. Nous sommes à la veille du retour à la maison mais je suis si fier de mes prouesses et des louanges qu'elles m'ont values que j'ai presque hâte de rentrer pour raconter tout ça à mes parents.

Quelle douche froide à mon arrivée ! C'est ma mère qui est venue me chercher à la gare routière. Assis près de la vitre, je la vois de loin, avec sa tête des mauvais jours. Je n'ai pourtant fait aucune bêtise. Le moniteur pourra lui confirmer que je me suis tenu très très bien. Mieux. Que j'ai montré l'exemple à des garçons qui ont bien cinq ou six ans de plus que moi.

À la descente du car, la séparation avec les uns et les autres est brutale. Ma mère, apparemment pressée, s'est déjà emparée de mon sac et me tire par la manche. Trop accaparé par les parents qui récupèrent leur progéniture, le moniteur n'a pas eu le temps de lui dire quoi que ce soit. Je suis immensément déçu.

C'est en rentrant à la maison que je finis par comprendre. Curieusement, mon père n'est pas là. J'interroge ma mère qui fond en larmes :

– Ton père est à l'hôpital ! Il a eu un infarctus !

J'avoue ne pas avoir réalisé sur le coup la gravité des problèmes cardiaques dont souffrait mon père. Submergé par la frustration, j'ai réagi en égoïste et j'ai boudé quelques jours. Parce que mon père m'avait tout bonnement volé la vedette.

6

Tout a changé à la maison. Ma mère, qui a enfin quitté ses fourneaux, s'absente de longues journées pour rendre visite à mon père. Il séjourne à l'hôpital plusieurs semaines pendant lesquelles nous devons soudain apprendre à être un peu plus autonomes. Ma mère nous prodigue toutes sortes de recommandations que nous écoutons d'une oreille distraite. Des tas de petits mots que je survole à peine traînent un peu partout dans la cuisine pour nous rappeler ses instructions. En particulier celle d'avoir au fond de nos poches les clés de l'appartement.

Des clés que j'oublie fatalement de prendre un jour en partant au collège, trop habitué à trouver systématiquement ma mère à mon retour. Depuis mon séjour dans le Diois, je rêve d'escalader cet immeuble qui a d'ailleurs emprunté à l'un des sommets du massif des Écrins son nom : l'Ailefroide. Avec ses nombreuses aspérités, notamment des alvéoles d'un bon diamètre qui s'échelonnent tous les 60 centimètres, la façade en ciment me paraît engageante. Je me sens capable d'avaler huit étages, d'autant plus que ma mère a entrebâillé la fenêtre de la loggia afin de chasser les mauvaises odeurs. Bref, je n'aurais aucune difficulté à rentrer chez moi... par l'extérieur.

Je n'hésite pas longtemps. Je me débarrasse de mon cartable et m'attaque à mon premier building sous le regard ébahi des voisins et de la concierge qui vocifère :

– Redescends ! Redescends !

Rien de tel pour créer l'attroupement au pied du bâtiment. Et pour me galvaniser par la même occasion. Car, devant un tel parterre, il n'est plus question de rebrousser chemin, même si le vertige me surprend brutalement à mi-parcours. Je retrouve l'assurance qui m'avait valu les louanges du moniteur de ma colonie de vacances. « Tu as le sens de l'équilibre ! » Je dois me faire confiance et ne pas me laisser envahir par des sentiments négatifs. Mes mains agrippent les balcons, mes pieds s'appuient sur le rebord des fenêtres. J'éprouve de nouveau l'impression harmonieuse d'être en contact avec mon élément. Mes gestes sont naturels. Je les exécute sans vraiment les calculer.

Je ne savoure pas longtemps la satisfaction d'avoir atteint mes objectifs. Ma mère, enfin revenue et mise au courant par la gardienne, fulmine :

– Tu te rends compte ! T'aurais pu te tuer ! Te tuer !

Naturellement, elle téléphone aussitôt à mon père et me tend l'appareil sous le regard contrit de mes frères et sœur qui me porteraient volontiers en triomphe. Au bout du fil, c'est le tollé.

– Qu'est-ce que j'apprends ? T'as pas déjà fait assez de bêtises ? Non, tu recommences ! Quand est-ce que t'auras un peu de plomb dans la cervelle ? Tu réalises un peu ce que tu fais ? Et la peur que t'as flanquée à ta mère ? Tu penses pas qu'on a d'autres soucis ? T'as bien choisi le moment !

Etc.

Je me défends à peine car je sais que cela ne sert à rien et qu'il n'a pas tout à fait tort. Mais, une fois encore, je ressens une déception terrible. J'imaginais naïvement que ma prouesse allait un peu forcer l'admiration de mes parents. Peine perdue.

Dans le quartier, mon exploit a pourtant délié les langues. La preuve, je fais le lendemain la connaissance avec mon petit voisin qui n'a jamais daigné me regarder jusque-là. Nous ne fréquentons pas la même école. Il habite dans le beau pavillon qui jouxte notre immeuble. Mon frère et moi, nous courons souvent sur le mur qui sépare nos deux mondes. Qu'il s'agisse du gendarme et du voleur ou du cow-boy et de l'Indien, nos jeux n'exigent pas une grosse équipe. Autant dire que nous nous suffisons l'un à l'autre. Cela explique en partie le fait que je me lie rarement avec des garçons de mon âge.

– C'est toi, Alain Robert ? me demande donc mon voisin, l'air un tantinet sceptique.

Je ne me croyais pas aussi célèbre. Je lui confirme que c'est bel et bien moi. Il me toise des pieds à la tête.

– On m'a dit que t'avais grimpé l'immeuble... C'est vrai ?

– C'est vrai, dis-je sobrement.

J'ai marqué un point. Il a l'air de me trouver sympa.

– Ça te dirait de venir jouer dans mon jardin ?

Laurent et Olivier sont deux frères dont le père architecte se passionne pour la spéléologie.

Trois grands arbres se dressent au milieu de leur pelouse. Les frangins n'ont pas besoin d'escalader les murs. Ils ont nettement mieux pour s'amuser. Je ne connais pourtant pas encore tout le potentiel de leur territoire.

– Notre père a plein de matos à la cave. Tu veux jeter un œil ?

Le sous-sol de leur maison est un véritable capharnaüm. Rien à voir avec l'univers lisse de notre modeste appartement familial que ma mère astique de nouveau avec entrain puisque mon père est enfin rentré de l'hôpital. Lui non plus ne ressemble en rien au père de mes camarades. Je ressentirais presque de la jalousie en les entendant me parler de ses descentes dans les entrailles de la terre. Dès qu'il peut, le bonhomme file visiter toutes les cavités de la région. Sur un cintre est accrochée une grosse combinaison noire.

– On se gèle en bas, m'explique Laurent en enfilant autour de sa tête une lampe frontale. Et, en plus, c'est tout noir.

– Bouh ! lâche Olivier en collant une torche contre son menton de façon à projeter le faisceau lumineux sur son visage, devenu soudain hideux, pour me faire peur.

Je ne suis pas forcément très à l'aise avec eux. L'opulence qui règne au milieu du désordre m'impressionne trop.

Dans une dizaine de caisses sont stockés sangles, mousquetons, longes, harnais, cordes et autres trésors pour des explorations souterraines. Tous ces équipements et accessoires feraient aussi bien l'affaire pour des aventures en altitude.

– Tu sais ce que c'est, une tyrolienne ?

Je dois avouer mon ignorance :

– Non. C'est quoi ?

Laurent me lance le bout d'une grosse corde à moitié enroulée en s'exclamant :

– Viens ! On va se marrer !

C'est avec Laurent et Olivier que je découvre toutes les ressources que peuvent offrir des arbres quand on ne craint pas de s'accrocher à une poulie et de s'élancer joyeusement dans les airs. Bientôt, les aménagements des deux frères n'ont plus aucun secret pour moi. Je saurai à mon tour installer des tyroliennes mais aussi des ponts aux singes, sur lesquels je cours d'ailleurs plus vite qu'eux. J'ai sans doute envie de les impressionner. Je sens bien que ma présence dans cette propriété bourgeoise ne tient qu'à mes qualités physiques.

– Il fait quoi, ton père ?

Je n'aime pas toujours leur manière de m'interroger sur un ton espiègle. Mais je réponds poliment à leurs questions. J'assume.

Laurent joue la surprise :

– Ah oui ? Il installe des téléphones ?

Olivier en rajoute :

– Il grimpe aux arbres, alors ?

Je fais mine de ne rien voir et ne rien entendre de leurs ricanements. Je suis ce que je suis, pas plus grand qu'un ouistiti mais d'une agilité qui stupéfie tous ceux qui me regardent. Il y a une part d'exhibitionnisme dans ma propension à voltiger de branche en branche sous le regard ébahi des deux frangins. Oui, je sais bien que je les épate.

Mes complexes ne m'ôtent pas l'assurance que j'ai acquise en quelques mois. Je souffre de ma petite taille mais, en dépit de cela, je gagne une certaine assise intérieure. Leur belle maison ne m'aveugle pas. Ni leur père spéléologue. Ils sont juste nés du bon côté. Moi, je n'ai pas eu leur chance et, pourtant, je me débrouille aussi bien qu'eux.

Je continue à jouer avec Laurent et Olivier. Parce que je profite aussi du cadre. Ensemble, nous creusons des tunnels. Un été, nous passons même plusieurs nuits au fond d'un trou. J'ai vaincu ma peur du puits. Je suis devenu courageux.

Éric, lui, s'est fait de nouveaux copains. Un autre genre auquel j'adhère moins. Il tient pourtant à ce que je les rejoigne.

– Tes fils à papa, c'est de la rigolade à côté de mes potes !

Fini, l'accrobranche avant l'heure ! On enfourche les mobylettes débridées et on fonce sur les nationales du coin. Je ne goûte pas forcément ce nouveau passe-temps, même si ces garçons sont moins bégueules qu'Olivier et Laurent. Nous sommes tous des gamins d'immeubles. L'espace nous manque et nous le volons à la rue et aux terrains vagues.

Dans mon for intérieur, je ne suis pas vraiment fier des bêtises que je commets avec ma nouvelle bande. Surtout lorsqu'il s'agit de se planquer derrière un talus au bord des routes et de jeter des cailloux sur les voitures qui passent. Je n'ai pas le tempérament belliqueux et l'idée de blesser éventuellement un automobiliste me perturbe. Je ne comprends pas l'intérêt du jeu. Bien sûr, ça agace.

C'est à cette époque que je me plonge dans des lectures qui vont confirmer mon attirance pour tout ce qui est vertical. Depuis *La Neige en deuil* et le séjour dans le Diois, je pense à la montagne du matin au soir. Et je m'endors sur des histoires qui font rêver un gamin peut-être plus doué que les autres et qui croit soudain en son étoile.

En quelques mois, je dévorerai tous les ouvrages des grands alpinistes qui font souvent l'actualité à cette époque. Je commence par *À mes montagnes* de Walter Bonatti que j'emprunte à la bibliothèque. Le livre est illustré de paysages hallucinants de beauté, presque irréels, mais je suis tout autant captivé par le récit. L'Italien raconte à merveille ses expériences. La plus terrible est sans doute celle qu'il vit tout jeune, vers l'âge de 20 ans, alors qu'il a été sélectionné pour partir en expédition au Pakistan et gravir le K2, le deuxième sommet le plus haut du monde. L'aventure tourne malheureusement au cauchemar. Abandonnés par leurs compagnons auxquels ils montaient des bouteilles d'oxygène, Bonatti et son porteur sont contraints de creuser une cavité dans la glace pour passer la nuit à plus de 8 100 mètres d'altitude, sans le moindre équipement contre la tempête. C'est un miracle s'ils survivent. Leurs souffrances seront hélas peu récompensées. Tandis que Bonatti et son acolyte redescendent au camp de base, les types qui les ont trahis, eux, ont gagné le sommet et, du même coup, la gloire (en 2004, le Club alpin italien finira par admettre que la vraie version de l'ascension est celle de Walter Bonatti). Je découvre l'esprit de compétition très particulier qui règne dans ce sport. La montagne n'est pas un stade mais il faut, là aussi, battre des records. Tous ces hommes représentent pour moi des champions incontestables. Bien plus qu'un joueur de foot. Quand on me cite les stars du ballon rond, comme Johan Cruijff ou Franz Beckenbauer, j'ovationne d'autres dieux, ceux qui n'ont besoin d'aucun public pour gravir les cimes.

Ce sont des hommes libres, libres et courageux. Je voue un culte à Rébuffat, Frison-Roche, Desmaison, dont je connais la vie, les parcours parfois difficiles. C'est au prix d'épreuves incroyables qu'ils ont obtenu la gloire. Et cela me fascine bien plus qu'un but marqué ou une coupe brandie devant les foules.

Je sais de mieux en mieux ce que je veux. Et tant pis si je ne partage pas les goûts et les aspirations de mes petits camarades. Je m'isole dans mes livres, je renonce à suivre sur la mauvaise pente des copains trop voyous pour moi et avec qui, décidément, je ne me sens aucun atome crochu.

Je m'évade, les yeux grands ouverts sur mon plafond dont les fines nervures s'apparentent à des crêtes enneigées. Et je me vois, petit bonhomme, tout là-haut, les bras en l'air, victorieux.

7

– T'as 13 ans ?! Mais tu rêves, mon fiston !

Inutile de supplier. Je n'obtiendrai rien. Même si la dame me regarde gentiment par-dessus les montures de ses grosses lunettes. J'ai préféré rester debout. Assis, j'aurais paru encore plus minus.

– T'es un peu jeune pour faire de l'alpinisme !

Je tente quand même une dernière tirade :

– Mais j'ai été en colonie dans le Diois et je suis allé avec les grands et j'ai...

– Stop ! Stop ! J'ai compris. Mais je t'ai dit, le Club alpin prend pas à moins de 15 ans.

Je jette un regard envieux sur les montagnes blanches placardées aux quatre coins de la permanence. La dame m'observe et sur ses lèvres flotte un sourire attendri :

– Pourquoi tu irais pas chez les scouts ?

– Les scouts ?

– Oui, tu as le profil !

J'aurais plutôt cru l'inverse. J'en vois souvent à la messe. Toujours des garçons polis, sages, à qui on donne de temps en temps la pièce pour un billet de tombola, une kermesse ou une œuvre caritative. Coiffures en brosse, visages angéliques. Pas franchement mon style. Et puis, ça sent un peu trop le régiment, à mon goût.

– Bouge pas. Je vais appeler M. Dumas, le président des scouts de Crussol, dit-elle en composant déjà un numéro sur le cadran de son téléphone.

Trois secondes plus tard, elle discute de mon cas avec un parfait inconnu :

– J'ai un gosse devant moi qui devrait te plaire. Je te l'envoie ?

Ils m'ont convaincu, avec des arguments qui font mouche. Là-bas, sûr, je grimperai ! Le beau-fils de M. Dumas est un passionné d'escalade. Je repars avec un bout de papier sur lequel la dame a griffonné l'adresse du bonhomme et le montant de la cotisation exigée pour l'inscription à son club : 35 francs.

– Hors de question qu'on t'offre ça ! T'as vu un peu ton bulletin de notes ? Et tu veux que je te rappelle le mot dans ton carnet ?

Pas la peine : je le connais par cœur. « S'amuse à lancer des boulettes en cours et a manqué éborgner son professeur. »

– La récréation, c'est fini ! Tu vas travailler, mon petit gars ! Terminé, la rigolade !

Je me coltine désormais les sermons de mon père à longueur de journée puisqu'il ne quitte plus la maison, convalescence oblige. Je le supporte d'ailleurs de moins en moins. Il s'est trouvé une passion, diamétralement opposée à la mienne. Un truc totalement statique : il fait du canevas ! Il brode des paysages, des chats, des chiens, des reproductions de tableaux. J'ai honte, honte de mon père et de ses goûts de femmelette. Je veux me distinguer de lui. Radicalement.

Je quitte la table sans demander la permission.

– Ton yaourt ! crie ma mère.

Je m'en fous, de leur nourriture. Ils ne pensent qu'à ça. Ils croient qu'élever un enfant, c'est juste le coller à l'école et devant une assiette. J'ai besoin de plus, tellement plus.

Je pleure toute la nuit. Une vraie rage d'enfant. Inconsolable. Toutes mes économies tiennent dans un seul petit coffre-fort en métal bleu pétrole. Un cadeau de mon parrain. Il m'a aussi offert 10 francs en argent massif. Avec sa face gravée d'un Hercule entouré de deux vestales, on dirait une médaille. Toute la famille a admiré l'objet, il est passé entre toutes les mains.

– Une pièce de collection, a précisé mon parrain avant de la glisser dans la fente de la cagnotte et d'ajouter, goguenard : c'est pour tes vieux jours !

Je n'ai plus envie d'attendre. Elle ne suffira pas pour payer mon bulletin d'adhésion mais je thésaurise patiemment des pièces jaunes aussi depuis belle lurette. Je compte, recompte. Ouf ! J'ai la somme.

Le lendemain, je fonce sur ma bicyclette pour régler crânement ma cotisation. M. Dumas s'étonne, surtout lorsqu'il découvre toute ma ferraille et la grosse pièce en argent :

– T'as cassé ta tirelire ou quoi ?

Je bafouille une réponse inaudible. Il pourrait croire que j'agis en cachette de mes parents. Or, il a insisté :

– Il me faut impérativement la signature de ton père !

C'est bien sûr moi qui m'en chargerai. À force de gribouiller des deux mains sur tous mes cahiers, je suis devenu un vrai faussaire.

Pierre Jamet a trois ans de plus que moi. Ce qui lui donne un net avantage sur les autres : il peut commander. Nous sommes une petite dizaine sous ses ordres, équipés des pieds à la tête selon les règles du scoutisme européen : béret, chemise beige avec badges et écussons, foulard noué d'un lacet de cuir, knickers et mi-bas blancs… ou presque. Ma mère a beau les frotter tous les dimanches soirs dans l'évier de la cuisine, ils prennent rapidement la couleur d'une vieille serpillière.

En effet, mes parents ont fini par se résigner. Au moins, je ne risque pas de terminer en garde à vue comme les copains d'Éric. Le scoutisme prône des vertus qui rassurent les familles. Après avoir pris connaissance de la charte des éclaireurs, mon père, qui déplore tant la disparition des cours de morale à l'école, a même carrément viré de bord. Pour ma part, je ne viens pas forcément là pour devenir un bon chrétien. Quand il m'arrive d'accompagner mes parents à l'église le dimanche, j'observe surtout les piliers, dans l'idée que je pourrai peut-être les grimper un jour.

Pierre, notre capitaine, n'est pas dupe. Il sait ce que j'attends du camp. C'est lui qui m'initie aux techniques d'escalade, à l'art de monter comme de descendre. Avec Laurent et Olivier, j'avais pratiqué le rappel avec un baudrier, d'une manière presque confortable. Pierre m'avertit :

– Nous, on n'a pas tout ça. Je vais t'apprendre à te débrouiller avec trois fois rien.

Il m'enseigne le rappel alpin et la fameuse méthode en S avec deux cordes glissées entre les jambes. Après avoir croisé le devant du corps jusqu'à une épaule, elles passent derrière la nuque et le dos pour revenir dans la main. Ce sont elles qui assurent le freinage. On se crame évidemment l'intérieur des cuisses mais je deviens de plus en plus dur au mal. À vrai dire, cela me plaît même beaucoup de souffrir pour une cause pareille.

Je me découvre un goût pour l'ascèse et cette nécessité qu'il faut tirer parti d'un rien. Et pas seulement pour les activités sportives. Construire des installations de fortune, se nourrir de quelques boîtes, veiller autour d'un feu et dormir à la belle étoile, cette rusticité me console du matérialisme étouffant qui règne chez mes parents. Je suis maintenant impatient d'arriver en fin de semaine pour déguerpir de la maison et me décontaminer au grand air. Chaque samedi matin, j'enfourche en effet mon vélo et je pars rejoindre mes nouveaux copains pour des aventures inédites.

Ce que je préfère, ce sont les raids. Des parcours sur vingt-quatre heures qu'on effectue à la boussole, dans des conditions parfois extrêmes. Nous sommes juste pourvus d'une feuille de route plus ou moins détaillée et d'un minimum de matériel : un sac de couchage, quelques allumettes, un couteau, une gourde, des fruits secs, une corde...

Toujours en tête de la patrouille, je compense ma petite taille par une pugnacité et une résistance que j'acquiers au cours de ces expéditions. Je ne me pose pas de questions d'ordre spirituel mais je me sens porté par l'idéal scout tel que l'a conçu Robert Baden-Powell, le fondateur du mouvement, dont les hauts faits durant la seconde guerre des Boers (des colons d'origine hollandaise établis en Afrique du Sud sous le nom d'Afrikaners), nous sont rapportés tels des évangiles. Grâce à des jeunes qu'il a utilisés comme estafettes, observateurs, sentinelles ou éclaireurs, il a sauvé une ville assiégée par des troupes ennemies quatre fois plus nombreuses que la population. Il a prouvé aux yeux du monde que des gamins étaient capables de remporter des victoires.

J'aime bien m'éprouver physiquement mais aussi moralement. De toute façon, personne n'irait se plaindre. Nous ne sommes plus que quatre ou cinq à suivre Pierre dans ces équipées sauvages. L'une d'elles nous conduit à remonter une rivière glacée de 45 kilomètres, dans un froid quasi polaire. J'ai bêtement oublié mes gants et je n'ose même pas évoquer ma douleur. Aucun de nous n'a envie de passer pour une mauviette. Je pisse dans mes mains pour les réchauffer. J'endure rhumes, ampoules, entorses sans ciller.

Pierre est un solide gaillard dont les motivations sont proches des miennes. Il rêve de devenir guide alpin. Nous n'avons pas le même gabarit mais nous partageons la même passion. Elle dépasse largement le cadre du scoutisme.

– Tu viendrais t'entraîner avec moi en semaine ?

– Je vais au bahut...

– C'est pas ça qui va t'arrêter, quand même ?

Je ne suis plus à une fausse signature près et je me vois mal refuser une telle proposition. À cette époque, Pierre devient le personnage central de ma vie. Et l'école m'ennuie de plus en plus. Elle est malheureusement obligatoire jusqu'à l'âge de 16 ans. Encore trois ans à supporter les cours, les professeurs, les fayots...

J'irai bien sûr avec Pierre. Je n'hésite pas longtemps pour décider que je serai mieux là-bas qu'ici, près d'une grande baie vitrée où je me morfonds tandis qu'il y a des milliers de choses exaltantes à faire dehors, en plein vent. Au lieu d'aller tranquillement au collège, je monte sur mon vélo et je pars le retrouver au pied d'une falaise quelconque. J'en prends vite l'habitude, d'autant que mes mots d'excuse auprès des professeurs passent très bien. Trop bien sans doute. Mes alibis varient peu. Je suis toujours brusquement tombé malade : une grippe, une angine, une rage de dents. Je reviens le lendemain, frais comme un gardon.

– Tu as une petite santé... me dit le professeur de mathématiques qui ne me porte pas beaucoup dans son cœur.

Je bafouille et retourne à ma place pendant que je l'entends poursuivre :

– ... mais tu récupères vite, vraiment vite. C'est presque incroyable.

Je m'assois et, le regard fixé sur moi, il répète en détachant bien les syllabes :

– Oui, incroyable.

Je n'en mène pas large mais je surmonte l'épreuve. De retour à la maison, ma mère m'attend, blanche de colère :

– J'ai reçu un coup de fil du collège.

– Ah oui ?

Et vlan ! J'aurais mieux fait de dire « Ah non ». Ma mère a la main leste. Et mon père aussi. Généralement, cela finit dans le bureau du proviseur. M. Gramont. Un type obèse dont le ventre ferait presque sauter les boutons de sa chemise. Plutôt répugnant.

– Et alors ? Vous faites quoi au lieu d'aller en cours ?

– Je grimpe.

Ma réponse le surprend. Je peux comprendre. Vu son poids, il monte avec difficulté les escaliers. Les élèves ricanent en douce quand ils le voient suer en s'agrippant à la rampe pour gravir les marches. Même assis, il transpire. Il se tamponne le front avec un grand mouchoir à carreaux qu'il a coincé sous sa manchette.

– Et vous croyez que c'est en grimpant que vous allez faire quelque chose dans la vie ?

Je n'ajouterai rien. J'ai avoué. Ça suffit.

– Réponds à M. Gramont, dit ma mère.

– Allez, réponds, reprend mon père, en vrai mouton de Panurge.

Je ne répondrai rien mais dans ma tête, j'en suis sûr : c'est en grimpant que je ferai quelque chose de ma vie.

8

Le grand-duc est un drôle d'oiseau. Considéré comme le plus grand rapace nocturne d'Europe, il demeure mystérieux pour les grimpeurs, qui le côtoient souvent à leur insu. Ainsi, installé à l'abri des regards sur une corniche rocheuse, ce noctambule invisible dont le plumage prend la couleur des calcaires pourra passer une journée entière à fixer de ses gros yeux orange l'horizon sans craindre de devenir la proie d'un quelconque prédateur. On ne se frotte pas facilement à cet étrange animal rupestre qui tolère mal une cordée sur son aire. Mais si l'on sait maintenir une certaine distance, la chance nous est parfois donnée de rencontrer, au détour d'une voie, sa silhouette massive quelque peu surprenante. Avec ses aigrettes dressées, on dirait en effet un chat. À cela près qu'il s'envole et, cela, dans un battement d'ailes parfaitement silencieux.

À force de fréquenter les falaises, Pierre et moi finissons par croiser ce curieux hibou. À moitié caché dans une cavité, il veille sur sa progéniture: un oisillon au creux du nid, à l'abri du soleil et des intempéries, pas plus gros qu'un poing et tout duveteux. L'adulte ne semble pas trop casanier. Et nous profitons de ses absences pour jouer avec son modèle réduit. Nous prenons bientôt l'habitude de l'emporter dans notre sac. Il se laisse faire puisqu'il ne sait pas voler.

Cette période coïncide avec un temps fort de ma jeunesse. Au fond, moi aussi, j'ai tout d'un oisillon, incapable d'agir seul. Pierre est toujours en tête. Normal, il a trois ans de plus que moi. Il parle peu mais je le suis pas à pas. J'apprends par imitation et immersion le jeu délicat que constitue l'escalade. Tout est une question de (dé)placements et d'équilibre. Il faut savoir progresser mais gérer aussi son centre de gravité en gardant constamment trois points d'appui: deux pieds et une main ou deux mains et un pied. On doit en outre limiter l'effort si l'on ne veut pas se retrouver rapidement tétanisé et, donc, savoir reposer le poids de son corps sur les muscles puissants des membres inférieurs le plus souvent possible. Mon anatomie me le permet et je commence à développer par ailleurs une réelle agilité. Mais Pierre n'a rien d'un moniteur de colonie de vacances. Mes résultats ne semblent pas l'impressionner. Voilà pourquoi je tente à chaque fois de me surpasser.

Les éclaireurs sont tous logés à la même enseigne. Aucun de nous n'a envie de déchoir. Nous sommes toujours prêts à relever de nouveaux défis, comme lors de ces excursions périlleuses que Pierre affectionne et qu'il propose à la troupe, histoire de la mettre à l'épreuve. Le torrent interminable et glacé qu'il nous force un jour à descendre finit cependant par saper le moral des plus téméraires. Frigorifié, trempé, moins bien équipé que les autres, je résiste néanmoins au découragement général et me fais un point d'honneur à maintenir le rythme qu'impose notre fougueux capitaine.

En accélérant le pas, je rate malencontreusement un saut. Les copains qui ont vu et entendu ma chute s'inquiètent mais Pierre poursuit sa route, imperturbable. Malgré la violente douleur, je me relève et repars. Tant pis si je souffre le martyre. La rupture des quatre ligaments de la cheville que m'a value ce piètre atterrissage et que je diagnostiquerai bien plus tard par analogie avec d'autres blessures identiques sera longue à soigner, et, en terme de souffrances, la pire de toutes mais jamais, au grand jamais, je ne m'en plaindrai en présence de celui que je considère alors comme un dieu. Je veux exister à ses yeux. Même lorsqu'il ne les pose pas sur moi.

Alors que le groupe se sépare quelques heures plus tard, Pierre lance à la cantonade :

– Pour le week-end de la Toussaint, il me faut des gars sérieux qui savent mettre un pied devant l'autre. Pas des fillettes !

Ce jour-là, je réponds seul à l'appel. En serrant les poings.

J'aime l'aventure. La vie que je mène le restant de la semaine me paraît affreusement triste et monotone. Mon père s'est remis de son infarctus. Mais il ne pourra plus repartir sur les routes. Terminé, les longs trajets bien trop fatigants pour son cœur fragile. Ma mère, son patron, tout le monde le ménage comme un vieillard. Cela m'agace de le voir si diminué.

Surtout que sa maladie menace fâcheusement les finances familiales. Mon père doit en effet renoncer aux commissions qu'il obtenait en démarchant de nouveaux clients. Maintenant qu'il reste assis à longueur de journées derrière un bureau, il se contentera de son salaire, juste de son salaire. Cela ne représente rien pour moi mais j'ai conscience que nous sommes limités. Ma mère ne gâche pas la nourriture et réduit au maximum les dépenses quand elle fait les courses.

Ce qui n'arrange pas mes affaires. Car j'ai besoin de meilleures chaussures, de vêtements imperméables et chauds, d'un bon duvet. Un duvet d'oie, m'a précisé Pierre. Le reste ne vaut rien. À l'époque, on n'a pas encore mis au point les matières hybrides d'aujourd'hui, celles qui résistent réellement au froid.

Or, un duvet d'oie, c'est proprement du luxe pour mes parents. Ils fulminent quand je leur demande par-dessus le marché de l'argent pour les repas. 6 francs pour une journée, 15 pour le week-end. Lorsque je leur présente la liste du matériel nécessaire à mes sorties, ils pinaillent sur tout.

Je n'ose même pas en rajouter en leur parlant d'un vélo. Car, par malchance, on m'a volé le mien.

– T'as tes jambes ! me disent-ils.

En dépit de mon petit gabarit, je me sens robuste. J'ai développé ma charpente, je me suis épaissi. Je me regarde dans la glace de la salle de bains avec une certaine satisfaction. J'ai tout de même 10 kilomètres à avaler pour rejoindre Pierre. Je restaure une vieille bicyclette mais les roues avant et arrière n'ont ni le même diamètre ni la même épaisseur. Je suis malgré tout tellement excité à l'idée d'aller retrouver mon copain que je me réveille à l'aube, quatre heures avant d'enfourcher mon méchant tape-cul.

Mes parents n'imaginent pas en quoi consistent mes raids de scouts. Ils n'ont même jamais campé de leur vie ! S'ils pestent un peu contre mes nouvelles activités chronophages que je ne sacrifie pas à l'école, ils pensent toutefois que j'aurais pu tourner pire. Ils ignorent complètement la réalité du terrain accidenté et dangereux où nous nous entraînons à devenir des surhommes. À cette époque, l'escalade est une activité extrêmement marginale. Personne ne sait exactement ce que ce mot recouvre.

Je rêve, en pédalant sec, à tout ce que nous allons pouvoir faire. J'échafaude déjà mille péripéties qui vont rendre tel dimanche ou tel samedi ou tel week-end particulièrement palpitant. Que nous réserve Pierre cette fois-ci ? Le suspense me taraude. Qu'il vente, pleuve ou non, notre expédition sera fatalement mouvementée.

Je suis nourri de récits d'alpinistes célèbres. J'en dévore toute la semaine, réfugié dans ma chambre pendant que le reste de la famille s'abrutit devant la télé. Les feuilletons que je ne loupais jamais jusque-là ne me distraient plus du tout. J'emprunte toujours des ouvrages à la bibliothèque mais Pierre m'en fournit aussi, comme celui de René Desmaison : *342 heures dans les Grandes Jorasses*. Un véritable choc ! Je connais chacune des étapes de la terrible ascension sur la pointe Walker que le montagnard a décidé de gravir avec un jeune guide fraîchement diplômé.

Un film se déroule dans ma tête. Image par image. Je visionne tout mentalement. Le vent, le froid quasi insoutenable, la pénurie de vivres, toutes sortes d'obstacles imprévus, entre autres une panne de radio, et puis la mauvaise condition physique du guide dont les mains commencent à gonfler et s'effeuiller. Desmaison a beau rassurer son coéquipier, l'encourager, le soutenir, celui-ci ne parvient plus à se ressaisir et son état décline d'heure en heure. Un scénario qui vaut toutes les fictions. Retenus à la paroi par une simple corde, emmitouflés dans leur sac de couchage ballotté par le vent, les deux hommes veulent pourtant encore y croire. Cette lutte incroyable qui finit tragiquement par la mort du guide m'habite. Elle me terrifie et m'excite en même temps. Ce n'est pas un conte pour les enfants. On peut laisser sa vie en montagne et je me rends compte que je recherche aussi ça : le danger.

Mais un danger à deux. Comme dans *La Neige en deuil* et tous ces bouquins qui exaltent le courage et la solidarité.

Pierre n'a peur de rien. Il néglige les règles de sécurité qui ont normalement cours chez les scouts. À l'époque, cela passe parce que son beau-père dirige le club et qu'il ferme les yeux sur nos raids franchement raides. Nous nous passons de plus en plus de matériel. Nous préférons nous déplacer sans les classiques gamelles ou toiles de tente, ayant jeté notre dévolu sur des hamacs que nous installons à 100 mètres du sol pour tester notre résistance à l'altitude. Je grelotte sans mot dire dans le duvet aussi fin que du papier à cigarette que mes parents ont fini par acheter. Mais, dois-je l'avouer, j'aime ça. Je campe peu à peu un des personnages qui hantent mon imagination. Desmaison, Lachenal, Bonatti, Rébuffat... Et ce ne sont pas des mauviettes!

Pendant deux ans, nous grimpons essentiellement en duo. Durant nos week-ends mais aussi des journées que je vole par-ci par-là sur mon temps scolaire, malgré les semonces régulières du proviseur. Un jour, Pierre me demande si j'accepte de passer mes vacances avec lui, l'été, à Crussol. Il n'a posé la question qu'à moi. À moi seul.

Ma grand-mère n'a pas les atouts de mon camarade, que j'admire encore, à qui je voudrais tant ressembler et qui m'honore de son amitié. Mon aïeule se passera de moi car je n'irai plus à Digoin. Les parents ont renoncé à me faire changer d'avis. Je suis mineur mais têtu.

Deux étés de suite, Pierre et moi allons nous perdre dans le massif de Crussol pour nous mesurer aux roches, à toutes les roches. D'abord les plus pourries, parce qu'on y cloue facilement des pitons. On ne réfléchit pas trop. La perspective que ces fixations précaires puissent s'arracher et donc entraîner une chute, sans que l'un puisse secourir l'autre, ne nous effleure même pas.

Nous regardons à la loupe les photos à l'intérieur de nos bouquins écornés pour comprendre comment s'y prennent les professionnels. Car il y a bel et bien une mécanique, toute une suite d'opérations qui s'effectuent selon des règles. Nous progressons de façon empirique mais aussi déductive, juste à partir de clichés minuscules ou à moitié flous.

Bien sûr, ce n'est pas la montagne telle qu'on la voit là. Évidemment, nous ne sommes pas dans les Alpes. Peu à peu, nous prenons toutefois conscience que la falaise mérite aussi le détour, qu'elle a des faces vierges ou cachées qui ne demandent qu'à être découvertes. Non, vraiment, l'escalade n'a pour l'instant aucune réelle existence en France. La première revue spécialisée, *Montagnes magazine*, ne recense pas encore les parois que nous explorons mais nous indique vaguement la marche à suivre. Nous nous inspirons d'un article pour coter des voies dont nous sous-estimons largement les difficultés, pour la simple raison que, ne nous mesurant à personne, nous n'avons aucune conscience de nos aptitudes.

Nous avons aussi réuni nos économies et traînons dans des magasins de sport, à l'affût du matériel que nous avons repéré sur nos illustrations. J'avoue avoir un peu fauché dans le porte-monnaie de ma mère. Les scrupules ne m'étouffent pas. Car nous avons des besoins vitaux en cordes, marteaux, pitons longs, courts, moyens, etc. Impossible de demander conseil à un quelconque vendeur puisque Pierre obtient tout cela en se faisant passer pour un aspirant guide. Nous crânons, jouons les connaisseurs.

Face aux murs verticaux du Vercors, nous redevenons minuscules. Mais, peu à peu, nous reprenons confiance. Tant et si bien que nous lâchons de plus en plus souvent la corde.

Si nous aimons tous deux transgresser nos limites, nous différons sur un point. Je ne partage plus les ambitions de Pierre. Il rêve maintenant d'intégrer le peloton de gendarmerie de haute montagne. J'ai du mal à le suivre sur cette voie-là. L'idée de vouloir devenir militaire me paraît à peine concevable. L'idée, surtout, d'appartenir à une institution pareille. Je sais bien qu'il est d'abord attiré par l'aspect sportif du métier mais, moi, le cadre me ferait plutôt fuir.

En m'initiant à l'escalade, Pierre a franchi un cap. Il a dû se dépasser lui aussi pour ne pas perdre sa supériorité. Une certaine rivalité s'est peu à peu installée entre nous et je le talonne de plus en plus. Je crois même avoir rattrapé son niveau. J'ai moins envie de lui emboîter systématiquement le pas. Surtout lorsqu'il joue au chefaillon. Nous commençons à grimper sur des voies parallèles.

En solo. En solo intégral. Je me suis émancipé. Comme le petit du grand-duc qui, un beau jour, a déserté son nid pour voler de ses propres ailes.

9

J'ai fini par bazarder mon vieux biclou bancal, tout juste bon pour la casse : je veux changer de braquet. Non que je sois un cycliste chevronné mais ce moyen de transport m'est vital. Pour aller ici ou là, dans ces coins souvent retirés où se dressent des falaises encore inconnues, mes jambes ne me suffisent pas.

J'ai négocié avec mon père. Un vélo neuf contre la remise en état de tout l'appartement. Ma mère, toujours maniaque, s'est mise en tête qu'il fallait rafraîchir notre F4. Les moyens qu'on m'octroie sont ridicules. Mais je suis dégourdi et cela donnerait presque des idées à mes parents. Si je ne réussis pas à l'école, je pourrai au moins me reconvertir dans le bâtiment. Mon frère aîné, lui, s'est orienté dans une voie professionnelle avec diplôme à la clé. On a fini par admettre qu'il ne deviendrait jamais ingénieur comme le fils Balusier dont on nous signale régulièrement les succès scolaires. Il sera carrossier, mais carrossier, c'est un métier. Grimpeur, non.

Je paie au prix fort ma passion pour l'escalade. Notamment avec ces mauvais outils dont je dois me contenter pour répondre à une demande exponentielle. J'ai décollé les anciennes tapisseries, rebouché les fissures et les trous, préparé les murs, les huisseries, les plafonds, repeint toutes ces surfaces délicates ou immenses avec des pinceaux qui perdent leurs poils et trois couches de peinture d'une qualité si médiocre qu'elle ne recouvre rien. Mais mon père n'a pas dit son dernier mot :

– Le parquet !

– Quoi ?

– Le parquet ! Tant que tu y es, refais-le !

Qu'est-ce que je gagnerai en prime ? Une sonnette ? Inutile de plaisanter ni de réclamer une ponceuse. C'est bon pour les feignants. Rien ne vaut l'huile de coude selon mon père qui, après m'avoir filé quelques feuilles de papier de verre, continue à broder ses canevas.

Deux mois de travaux soldés par un vélo acheté sûrement au rabais, sans marque ni accessoires, que je découvre, le souffle coupé, en rentrant à la maison alors que mon père fanfaronne :

– Alors ? Heureux ?

Je suis si abasourdi que je n'ose même pas protester et que je me jette sur mon lit après avoir claqué la porte de ma chambre. À travers les cloisons, je l'entends qui pérore :

– Jamais content, celui-là !

Je me sens seul, si seul. Pierre m'a quitté et c'est comme un chagrin d'amour. Quand il m'a annoncé son départ au service militaire, je n'ai pas trouvé la force de réagir.

– Ben quoi ? Tu fais la gueule ? a-t-il bougonné.

Évidemment, je comprends que son engagement prématuré lui permettra peut-être d'intégrer le peloton de gendarmerie de haute montagne mais, à cet instant, je ne vois pas plus loin que le bout de mon nombril. Je n'ai plus besoin d'un partenaire de cordée puisque je grimpe déjà en solo sur des voies frisant parfois les 400 mètres. Pierre absent, tout cela perd néanmoins de son sel. Pierre était mon frère, Pierre était mon double. Même en solo, nous étions deux. Nous éprouvions à l'unisson des sensations que nous ne pouvions partager qu'ensemble. Sans forcément verbaliser quoi que ce soit. Je déchiffrais dans ses yeux ce qu'il pensait de moi, et je ne l'avais jamais déçu.

– Tu trouveras bien quelqu'un pour t'accompagner.

Je hausse les épaules. Mon amitié pour Pierre a balayé toutes les autres. Depuis que j'ai intégré par défaut un lycée technologique, j'ai perdu la moitié des camarades avec lesquels j'avais grandi. Je ne trouve pas vraiment ma place dans ce nouvel établissement où je tourne surtout en rond. Mais si je veux qu'on me laisse tranquille, je dois me montrer un minimum docile. Mes parents osent encore espérer que je pourrais me réaliser dans... la comptabilité.

Les types de ma classe sont hermétiques à l'escalade. Les rares à qui j'en ai parlé ne comprennent pas ce que je vais chercher en haut des parois vertigineuses. D'ailleurs, ils ont du mal à croire que je puisse être attiré par une quelconque discipline sportive.

En cours d'éducation physique, je ne brille pas spécialement par mes performances. Je déteste la façon militaire avec laquelle il faut courir, sauter, gesticuler pour les beaux yeux – ils le sont vraiment – d'une jeune et jolie prof qui semble adorer jouer de son sifflet en domptant ses éphèbes. J'ai trop le sens du ridicule pour rentrer dans le rang. Avec ma taille qui n'a guère pris de centimètres malgré le régime alimentaire que m'impose ma mère, soucieuse de ma croissance, je dépare. Certes, j'ai gagné une certaine carrure mais je voudrais être un autre.

Avec Pierre, j'étais un autre.

J'ai besoin d'admirer. Je n'ai aucune attirance sexuelle pour les hommes. Tant s'en faut. Je serais même de plus en plus troublé par les filles. Mais j'ai l'impression qu'elles ne me regarderont jamais. Alors j'observe, j'observe beaucoup. Ceux qui ont une chance de leur plaire. Comme ce dieu vivant que j'ai placardé sur le mur de ma chambre: Reinhold Messner.

Avec Peter Habeler, il a gravi l'Everest sans une seule bouteille d'oxygène. Ce que le corps médical considérait tout bonnement comme impossible, persuadé que le cerveau ne résisterait pas à l'altitude. En 1978, l'Italien, formé dès le plus jeune âge au massif des Dolomites, défraie donc la chronique. Ses photos s'étalent à la une de toute la presse. J'en ai piqué une dans *Paris-Match.* Dégrafée, dépliée, punaisée, elle embellit mon horizon immédiat.

Car mon héros me sourit de toutes ses dents magnifiques, aussi blanches, aussi étincelantes que les sommets enneigés devant lesquels il pose. Ses grosses lunettes noires lui mangent la moitié du visage et sa crinière flamboyante est cachée par un bonnet de laine. Grand, costaud, avec une tête d'acteur hollywoodien, Reynold Messner est devenu l'homme auquel je voudrais ressembler.

Reynold Messner n'a pas l'âge vénérable des célèbres montagnards que j'idolâtrais jusque-là. Il n'a rien de ces figures tutélaires, avec pull jacquard, knickers et bas de laine, dont les histoires ont bercé mon enfance. J'adore chez ce type, outre sa beauté, sa jeunesse, son allure, son énergie, son éthique aussi. Sûrement dans l'air du temps avec ce petit côté hippie qu'affiche déjà toute une nouvelle génération de grimpeurs américains dont *Montagnes magazine* a récemment tiré le portrait et qui pratiquent l'ascèse, vivent en communauté, très loin de la société de consommation, dans une nature grandiose et sauvage.

Le Septième Degré devient mon livre de chevet. Il y a un ton nouveau par rapport à tout ce que j'ai lu précédemment. Une forme de sagesse presque orientale que Messner développe savamment. Mais il formalise aussi une méthode, scientifique, minutieuse, grâce à laquelle l'alpinisme devrait franchir une limite qu'on considérait jusque-là comme infranchissable : le sixième degré. C'est un mélange de recettes pratiques et de réflexions philosophiques, très différent de la prose littéraire, truffée de descriptions poétiques et d'envolées lyriques, à laquelle ses prédécesseurs nous avaient habitués.

Messner jouit d'une certaine autorité dans l'univers des grimpeurs. Ses exploits sont abondamment commentés dans la presse. Il préfigure le sportif de haut niveau, contrôlant son image et gérant sa carrière, tel qu'on en voit si souvent aujourd'hui. Il a sans doute compris plus tôt que les autres l'aspect marketing de sa profession. Il ne cache pas le fait qu'il doive récolter de l'argent pour financer ses ascensions, lesquelles sont officiellement sponsorisées. Son esprit visionnaire ne se limite cependant pas à la dimension mercantile qu'il apporte au métier. Il ouvre d'une certaine façon la voie à l'escalade libre telle qu'on la pratiquera bientôt, encourageant les alpinistes classiques à employer le moins de clous possible et à progresser sans exploiter les protections.

Messner devient mon mentor.

Alors, oui, j'expédie les devoirs à faire à la maison en moins d'un quart d'heure, malgré les recommandations de notre professeur principal :

– Il faut travailler tous les jours ! Deux heures minimum et tous les jours, vous entendez ! Tous les jours ! Pour réussir dans la vie, il faut de la régularité, de la discipline !

Nous sommes bien d'accord. J'aimerais tant appliquer cette règle à l'escalade ! À défaut de la pratiquer comme je le souhaiterais, je m'exerce mentalement. Pierre m'a refilé en guise d'adieu des topos de voies, des petits recueils d'informations sur un itinéraire précis qui me passionnent davantage que les manuels scolaires. « S'élever par un dièdre lisse en cinq sur une vingtaine de mètres (un piton) pour s'échapper sur la gauche avant que la paroi ne surplombe, afin de rejoindre un bouclier de dalles exposées (un pas de cinq sup, rocher fragile), où il s'agit de remonter au mieux sous le premier surplomb très aérien. Attention, à partir de cet endroit, toute retraite devient impossible. » Cette dernière phrase me procure des frissons.

Bien plus que ces annales de brevet qu'on nous pousse à potasser. J'arrive de moins en moins à me plier au système scolaire. La perspective d'aller au collège chaque matin me déprime réellement. Je ne suis plus un adolescent qui rêve sa vie. La grimpe ne relève pas de la fantasmagorie. C'est justement ce qui me plaît là-dedans. On doit être totalement ancré dans la réalité. À l'affût de tout ce qui nous raccroche à elle comme dans ces prises dont il existe une multitude de combinaisons et de variations possibles et qui permettent de se hisser à la verticale. Graton, oreille, baquet, cannelure... Aux yeux des néophytes, il s'agit de détails à peine perceptibles. Pour moi, ce sont des marches vers l'infini.

L'appel est trop fort. Je manquerai les cours. Tant pis ! Le brevet n'est en rien une clé pour l'avenir, celui pour lequel j'ai en tout cas décidé de vivre. La maladie a toujours bon dos. La directrice est aimable, même affable. Je lui dépose régulièrement des petits mots rédigés soi-disant par la main maternelle pour excuser mes absences.

L'escalade est devenue une drogue et j'agis donc comme un drogué. Je mens, je vole. Un billet par-ci, un billet par-là. Le matériel reste coûteux car il n'est pas encore vraiment démocratisé. Mon équipement commence à s'étoffer. Je m'éloigne de plus en plus de Valence. On m'a signalé des sites où quelques férus se retrouvent pour pratiquer ce sport encore élitiste. Les hommes que je rencontre sont souvent plus âgés que moi. Ils sont en petits groupes et s'étonnent sans doute de me voir seul. Quand ils ont l'amabilité de me laisser passer devant eux, je surprends leur hébétude. Jamais ils n'auraient cru qu'un gamin comme moi parviendrait si haut, et si vite.

Certains cherchent à sympathiser mais je reste sur mes gardes. Je n'ai pas non plus de temps à consacrer aux conversations. Je reste concentré et, pour cela, rien ne vaut la solitude. Même si j'ai parfois besoin d'un partenaire que je trouve de temps en temps dans la personne de mon petit frère Thierry que je débauche le mercredi, ou de ma sœur, pas très fan de l'école non plus. Ils sont souvent chargés de rester en bas et de tenir la corde enfilée dans une moulinette fixée à la paroi. Ainsi, je peux m'exercer à la descente en rappel.

Ces lieux me permettent aussi de m'évaluer. Les parois étant cotées, je comprends que j'avais sous-estimé la difficulté de celles que Pierre et moi avions explorées. Mon niveau est largement supérieur à celui de tous ces chevelus que je croise au pied des falaises. J'avoue qu'en reprenant mon vélo pour rentrer chez moi, certains jours où je me suis particulièrement dépassé, je ne pédale pas, je plane, tout gonflé d'orgueil.

Arrivé à la maison, je retombe violemment sur mes pieds. Surtout quand la gentille directrice a téléphoné l'après-midi à ma mère pour prendre des nouvelles du grand malade.

10

Depuis le départ de Pierre, j'ai renoncé au scoutisme et je fréquente désormais le club alpin de Valence. Je passe encore pour un gamin même si j'ai atteint l'âge requis pour devenir adhérent. Certains membres, un brin paternalistes, me dispensent des conseils avec une désagréable condescendance et s'esclaffent bruyamment quand je leur parle de mes projets, entre autres l'ascension des Grandes Jorasses.

– Mais tu divagues, mon garçon ! s'écrie l'un d'eux. Tu n'y arriveras jamais ! Relis Desmaison.

J'ai tout juste 16 ans quand je m'initie à l'alpinisme par une escalade considérée comme l'une des plus ardues. Tous ces types qui me snobaient, des gars soi-disant rodés, aguerris, sont encore à ramper dans le gentil couloir Davin, alors que je grimpe sur la célèbre face nord que je convoite depuis tant d'années. L'exercice n'a même rien de particulièrement complexe ! Ma performance a fait le tour du club. Ceux qui m'ont découragé, visiblement vexés, ne me saluent même plus.

Quelques mois plus tard, Matthieu, un aspirant guide, me propose de l'accompagner dans le massif du Mont-Blanc. Nous dormons au refuge situé à 3000 mètres. La longue marche qui nous y a conduits m'a paru pénible, d'autant plus qu'elle ne présentait aucune difficulté. Je me déplace volontiers sur des verticales, mais mettre un pied devant l'autre, même à l'oblique, m'ennuie profondément. Le lendemain matin, je me réveille avec une seule idée en tête pour me remonter le moral : escalader la face nord des Droites. Matthieu manque de s'étouffer en avalant son café.

– Mais t'es fou ! s'exclame-t-il. T'es complètement fou ! Ça se prépare, un truc pareil !

– Et alors ? lui dis-je, tout fanfaron. T'es pas en forme ?

Je l'ai piqué au vif, il accepte. Au club, tout le monde a compris que je suis un grimpeur doué. Et que mon mental vaut largement mon physique. À mi-parcours, Matthieu veut abandonner mais je le persuade de continuer. En moins d'une matinée, notre rapport s'est totalement inversé : c'est moi maintenant qui tiens les rênes. Il n'a en fait jamais grimpé de parois de glace si raides. Il manque de technique et les outils performants ne suffisent pas. Mais je connais les gestes. Je prends conscience que les entraînements avec Pierre m'ont permis d'atteindre un niveau supérieur à celui de tous ces types que je croise dans le monde soi-disant élitiste de l'alpinisme.

En réalité, j'ai surévalué ces courses mythiques, objectifs ultimes pour des alpinistes confirmés. Toutes ces gloires qui m'ont tant fait rêver ne m'impressionnent plus. Je suis revenu de beaucoup d'illusions, agacé aussi par l'image péjorative qu'on plaque injustement sur le trop méconnu Vercors. Plus d'une fois, Pierre et moi avons pourtant risqué une chute mortelle. Rien qu'en fixant nos pitons dans du rocher pourri. Finalement, je courais davantage de dangers sur mes falaises.

Et, au fond, c'est ça qui me plaisait.

Retour case départ. Il me tarde de revivre des sensations fortes, loin des sommets pour touristes. J'ai réalisé que les falaises procurent autant de plaisir que la montagne. Elles libèrent par ailleurs des contraintes liées aux marches d'approche, aux descentes longues, aux caprices météorologiques, à ce qu'on appelle globalement les dangers objectifs. Enfin, l'escalade libre nécessite nettement moins de matériel.

L'activité se démocratise beaucoup à cette époque, sans doute pour toutes ces raisons. Bien que je ne traîne pas dans des sites très à la mode, j'entends maintenant parler de types comme Berhault et Edlinger, d'anciens alpinistes qui se sont reconvertis à l'escalade. Cette nouvelle vague ne connaît encore aucune notoriété publique mais est déjà repérée par les amateurs de parois. Je commence aussi à me faire remarquer.

J'ai pris le parti de grimper seul. Mû d'abord par une espèce de vénération nostalgique pour un être irremplaçable : mon premier et seul véritable compagnon de cordée, Pierre. Mon goût pour le solo s'est cependant affirmé. Au point que je n'envisage rien de mieux pour me hisser au septième ciel. Les rares fois où j'accepte de grimper avec d'autres me déçoivent. En deux mots, je préfère à l'assurance l'indépendance, d'autant que j'en ai maintenant les moyens.

Je pense m'être beaucoup amélioré depuis que j'ai quitté l'école car je consacre tout mon temps à ma passion. J'ai passé mon brevet mais je me suis arrêté là. La comédie a assez duré. Je sais pertinemment que je ne deviendrai jamais comptable ! Ma seule certitude, c'est que je serai grimpeur. Même si ce métier n'existe pas encore. Je n'ai pas besoin d'argent. Je ne suis gourmand en rien, excepté en falaises. Si l'escalade n'est pas encore professionnelle, certaines marques de sport s'intéressent à des athlètes qui pourraient les rendre plus visibles.

Je rencontre un commercial de la jeune entreprise Boreal, spécialisée dans la fabrication de chaussures de montagne et qui vient de lancer des chaussons d'escalade.

– Tu les porterais ? me demande-t-il, après m'avoir vanté l'excellente adhérence de leurs semelles lisses.

– Si tu me les donnes, dis-je en plaisantant, le premier étonné de mon culot.

– Super ! Écoute, comme t'es sympa, on te filera en plus du matos.

Je découvre le sponsor et ses merveilleux bienfaits : on m'offre des équipements juste pour que je me montre avec. Plus besoin de chaparder dans les magasins ni dans le porte-monnaie de ma mère !

Je comprends vite l'intérêt des marques. Je ne passe plus inaperçu et, bien évidemment, mes chaussons ultramodernes encore moins. Où que j'aille, on recherche maintenant ma compagnie. À force de conseiller et d'aider les grimpeurs qui voient en moi un modèle à suivre, je finis par sympathiser avec certains. En général, une bonne dizaine d'années nous sépare mais cet écart d'âge ne semble pas les gêner. Au contraire, ils m'invitent souvent à les rejoindre après mes ascensions, qui créent toujours un peu le spectacle.

Ces gars-là bivouaquent près de leurs camions bourrés de matériel et d'une vieille mobylette bleue dont le réservoir d'essence est retenu au cadre par une ficelle. Elle paraît aussi déjantée que son utilisateur, un gars chevelu au sourire perpétuel, Gustave, grand consommateur devant l'Éternel de cannabis et autres délices psychédéliques, parfois même comestibles. On dit qu'il cueille des champignons hallucinogènes sur les bouses de vaches.

Je ne l'ai jamais vu grimper et je ne le pousserai pas à tenter l'expérience, tant il me paraît vaciller sur ses guibolles. La preuve, il est le plus souvent affalé, un joint à la bouche.

Je ne fume pas, je ne bois pas mais j'accepte volontiers de tailler la bavette avec l'énergumène. C'est un spécialiste de la Voie lactée, et quand il parle des constellations, c'est comme écouter Pink Floyd : on plane. Il m'arrive de m'attarder largement au-delà de la tombée du jour juste pour l'entendre. Il m'aime bien, je crois.

– Tu dois être une réincarnation de Sioux.

– Qu'est-ce qui te fait dire ça ?

– T'as vu comment tu grimpes ?

La paupière plissée, il m'inspecte :

– T'es foutu comme un Sioux !

Son regard s'arrête sur mes chaussons Boreal et soudain son visage se transfigure :

– J'ai compris ! T'as des *magic shoes* !

– Des *magic shoes* ?

Il se redresse brusquement sur un coude, pris d'une inspiration :

– Tu me les filerais ?

Un grimpeur doit ménager sa monture : ses deux pieds comme ses deux roues. J'ai bien sûr troqué mes Boreal contre la mob. Je vais pouvoir avaler des kilomètres et des parois. Sur mon engin pétaradant, j'irai enfin là où tout se passe. Que ce soit à Buoux, au cœur du Lubéron, ou dans les gorges du Verdon !

Certains de mes anciens terrains de jeux valaient pourtant bien ces endroits courus. L'Abominable Homme des doigts, une voie en 7b que j'avais repérée à l'âge de 12 ans avec Pierre à Cornas, en Ardèche, n'a rien à envier aux falaises fréquentées par toute une faune de garçons et de filles prêchant le *peace and love* de ces années-là. Ce soudain bain de foule ne me déplaît toutefois pas. Si je ne partage pas forcément le mode de vie de ces grimpeurs, je me sens une affinité avec leur manière de jouir du moment présent. L'escalade relève d'une aptitude physique mais aussi d'une attitude intellectuelle. Un état d'esprit où se mêlent hédonisme, respect et amour de la nature.

On dort à la belle étoile et on fume de l'herbe, les oreilles bercées par l'autoradio d'un vieux combi Volkswagen. Des mômes esquissent leurs premiers pas entre deux rochers devant des parents heureux, insouciants. Pas une ombre au tableau ! J'adhère au programme ! Je me verrais bien vieillir comme ces trentenaires.

– Des bons à rien, clament mes parents qui ont eu vent de mes nouvelles relations. Tu crois pas que tu vas vivre d'amour et d'eau fraîche comme ces romanichels ?! Choisis : ou tu continues tes études ou tu te dégotes un boulot !

Voilà comment je me retrouve employé à mi-temps dans le magasin de sport que tient Matthieu, mon fameux aspirant guide. Pas seulement en souvenir de notre virée alpestre, qu'il n'est pas près d'oublier. Il a surtout compris la nécessité de développer un rayon escalade. En très peu d'années, l'activité est devenue un sport officiel. Des compétitions ont maintenant lieu. Plus question de grimper avec des vieilles savates. Ma notoriété amène des clients, je vends pratiquement tout ce que je recommande.

Mon patron me chouchoute, m'accorde des faveurs. Dès midi, j'enfourche ma drôle de mob et je fonce sur les routes, qu'il vente, qu'il pleuve ou qu'il neige. Je déjeune d'un sandwich que j'avale encore en selle. Le récent magazine *Alpi Rando* répertorie de nouveaux sites et je pars à leur conquête, ravi de me mesurer bientôt à l'inconnu, même si mes nombreuses lectures m'ont signalé les immanquables difficultés auxquelles j'aspire. Je ne cesse d'y penser pendant tout le trajet.

Et bien plus que dans ces courses contre la montre. Toute mon existence est axée sur l'escalade. Je suis obsédé par ça. Très tôt, je comprends l'intérêt de m'imprégner d'un itinéraire, de le grimper mentalement en visualisant précisément des séquences entières de mouvements.

Je n'ai cependant pas complètement tourné le dos à la montagne et il m'arrive encore de chausser les skis et dévaler des hors-pistes avec un ami fou de poudreuse. À fond de train, grisé par la vitesse, je maîtrise ma trajectoire, quand je suis brutalement surpris par une plaque de glace. Évidemment, je pars comme une fusée.

Je ne me souviens de presque rien, juste d'un hélicoptère et d'une multitude de voyants au plafond que je regarde, hagard, allongé sur mon brancard. Je reste quinze jours à l'hôpital où je subis toutes sortes d'examens. Ma tête aurait tapé violemment sur la pente glacée. Aurait suivi une crise comitiale. Mon pote a eu la présence d'esprit de me coucher sur le côté pour éviter que je m'étouffe avec ma langue. Mes muscles se sont contractés de façon désordonnée. J'ai bavé, pissé. Tout est consigné dans un rapport que le médecin jette sur le bureau qui nous sépare.

– Un court-circuit ! m'explique-t-il.

– Un court-circuit ?

– Il va falloir vous faire une raison, jeune homme, continue le toubib. L'escalade, vous pouvez lui dire adieu. C'est vraiment le dernier sport à pratiquer quand on est épileptique.

11

Je n'écoute pas les oiseaux de malheur : ma tête va bien. C'est plutôt le cœur qui déraille.

On dirait une madone, avec des yeux rêveurs sous des sourcils arqués qui froncent au soleil et de longs cheveux noirs qu'elle rejette en arrière en faisant tinter ses créoles et ses bracelets d'argent. Elle porte des bijoux avec des grelots, des perles, des plumes mais aussi de grandes jupes fleuries et des écharpes en soie mauve. Elle sent bon. Certains la comparent à Carole Laure, mais elle s'appelle Nicole et elle existe bel et bien. En chair et en os. Mieux qu'au cinéma.

Les grimpeurs l'amènent sur le site parce qu'elle en pince pour les cailloux et eux pour elle. Nicole passe des heures à ramasser ses pierres précieuses en fredonnant des chansons.

– À quoi ça te sert ?

– Les pierres ont une âme, dit-elle.

– Ah.

Je devine que mes questions agacent un des types qui fait partie de la bande. Je baisse d'un ton et relance le sujet pour ne pas perdre le fil qui s'est tissé entre nous.

– Tu crois vraiment ?

– Tu en doutes ? s'étonne-t-elle.

De nouveau, je surprends l'air jaloux du gars. J'y pense toute la journée. Sans doute est-ce son copain. Pourtant, quelque chose me dit que leur histoire s'achève et que la nôtre commence.

Deux jours plus tard, je la raccompagne sur ma mobylette. Je déteste l'idée de me séparer d'elle. Nicole retire son casque, me le tend, s'éloigne d'un pas puis revient vers moi. Tout en regardant au loin, elle me dit :

– Tu veux que je te montre mes trésors ?

Je ne suis jamais allé chez une fille. D'ailleurs, je ne connais pas de fille. Tout, à cet instant, est une première.

Comme cet appartement qui ne ressemble à aucun autre. Elle collectionne, outre ses cailloux, des bouts de bois disposés comme des petits fagots ici ou là.

– Eux aussi ont une âme ?

Elle paraît dépitée, un peu fâchée que je ne comprenne rien à rien.

– Bien sûr !

J'adore sa voix. Ses yeux, ses lèvres, ses cheveux, son parfum. J'adore tout.

Je ne dois pas être le seul. Comme en témoigne la paire de Pataugas au pied de l'armoire qu'elle a repeinte de couleurs vives.

Mais Nicole sourit et me glisse :

– C'est fini entre nous...

– Ah.

Mes deux sacs à dos suffiront à trimbaler tous mes biens. À 20 ans, je ne possède pas encore grand-chose. Au seuil de ma chambre, ma mère assiste à mon premier déménagement :

– Mais qu'est-ce que tu fais ?

Sans mot dire, je continue à vider mes étagères.

– Mais qu'est-ce que tu fais ?

Je n'ai pas envie d'expliquer. Juste de partir. Je débonde enfin ma rage :

– Je me casse !

– Tu te casses ! Tu te casses ! crie-t-elle, en gesticulant. *Oukétounnaraguétoupioun !*

Je claque la porte de la maison cinq minutes plus tard : Nicole m'attend.

En trois jours, j'ai plié mes bagages pour rejoindre la femme de ma vie et remplacer l'homme aux Pataugas.

Cette rupture familiale contrarie beaucoup Nicole. Elle insiste :

– Des parents, des frères, des sœurs, il n'y a rien de plus précieux dans la vie.

Petite dernière d'une famille nombreuse et aimante, elle veut connaître la mienne. Cette présentation ne m'enthousiasme pas trop mais je finis par accepter de l'emmener chez moi, dans notre petit monde clos, étriqué, sinistre, loin de sa joyeuse bohème aux effluves de santal. J'en suis presque malade. Que va-t-elle penser des Robert ?

Surtout que ma mère, l'air pincé, a sorti son ridicule service pour lui offrir un café. Chaque tasse est ornée de la tête de Napoléon.

– Que c'est joli ! s'exclame Nicole, qui paraît admirer sincèrement ce qui me semble le comble du kitsch.

– Si vous pouviez faire un peu entendre raison à Alain, commence alors ma mère, touchée par le compliment et, de ce fait, toute radoucie. Mon fils est persuadé que c'est un dictateur.

Nicole fronce gentiment ses sourcils et sourit à ma mère. Incroyable, ce qu'elle détend l'atmosphère !

Mes parents n'ont pas longtemps boudé mon départ. Nicole leur a tapé dans l'œil. C'est peut-être elle qui va remettre leur fils dans le droit chemin. Et puis, je ne pars pas à des kilomètres. L'appartement de Nicole se trouve dans un quartier proche. Très vite, il va devenir aussi l'annexe de la maison pour ma petite sœur, en pleine crise de puberté. Toutes deux sont des artistes.

Car Nicole écrit des contes, des poèmes et elle a aussi un sacré coup de crayon. Ses aquarelles ou ses bandes dessinées sont pleines d'humour et de tendresse. C'est peut-être la première fois que j'admire des qualités qui me font défaut. Je peux aimer quelqu'un sans nécessairement me projeter en lui. Je découvre en Nicole l'âme sœur, un double qui me complète, qui me donne une nouvelle dimension en me rendant encore plus fort, encore plus confiant.

Je n'ai jamais été aussi épanoui. Mes complexes n'ont pas totalement disparu mais je les ai dépassés. Sans eux, je ne serais pas devenu celui que je suis et, surtout, celui que Nicole aime. C'est une période radieuse. Je continue de bosser au magasin le matin et, dès midi, j'enfourche ma mobylette pour aller grimper, le cœur léger et content, parce que je compte enfin pour une femme belle et douce et que je ne serai plus jamais seul. Nicole tient à partager ma passion, même si elle reste une vraie contemplative.

Elle a bien sûr essayé de me faire plaisir en escaladant quelques voies mais, au fond, elle préfère cueillir ses cailloux en levant de temps en temps les yeux vers les falaises et agiter sa main pour me rappeler qu'elle est là.

Je sais qu'elle a peur, nous en discutons souvent ensemble. Mais elle m'aime comme je suis. Quand elle ne m'accompagne pas, elle me manque. Pire que ça : c'est moi qui crains pour sa vie. Si elle ne rentre pas à l'heure de son travail, je panique.

Nicole m'est devenue essentielle et je n'envisage plus mon avenir sans elle. Même s'il se limite le plus souvent au lendemain, à l'ascension que je réaliserai mieux que la veille. Je suis heureux de la retrouver après une belle journée parce qu'elle écoutera, bouche bée, le récit de mes exploits. Des exploits que je réalise le plus souvent seul.

Je consacre de nombreuses heures à l'escalade grâce à mon boulot tranquille et surtout un patron conciliant, qui me laissent beaucoup de temps libre. Nicole ne peut pas toujours m'accompagner car elle est employée dans une entreprise de nettoyage où elle manage des équipes, et ses horaires ne cadrent pas forcément avec les miens. Nous n'avons pas le même rythme et je redoute que ce décalage compromette l'harmonie conjugale.

– 8 heures-midi, 14 heures-17 heures, c'est pas mon truc. Je ne suis pas un fonctionnaire, je ne travaillerai jamais dans un bureau ou pour un job du même genre… l'ai-je mise en garde.

Elle m'a encore souri et caressé la tête :

– Je sais que ce n'est pas dans ta nature.

Nicole semble parfois connaître une part de moi-même que j'ignore encore. Je lui demande :

– Et c'est quoi, ma nature ?

Elle marque un temps :

– Disons que je ne te vois pas ouvrier ou comptable.

Son épagneul breton, Caille, s'agite autour du lit, remue sa queue qui tape contre le sommier. Nicole rit et ajoute :

– Lui non plus.

Nous sommes déjà une petite famille. Mais je sais qu'il y aura des enfants. Toute une lignée. Quand on aime comme ça, c'est fatal.

– Et tu me vois comment ?

Nicole reste songeuse. Dans les vapeurs d'encens, la lueur des bougies qui vacille sur son beau visage calme la rend plus mystérieuse qu'une prêtresse orientale.

– Un aventurier.

– Et t'en penses quoi ?

Elle plonge ses grands yeux sombres dans les miens :

– Je t'aime.

Elle m'a écrit un poème que je garde précieusement au fond de ma poche, comme un talisman :

Si fort, si beau, si faible, tantôt orage, tantôt soleil et déjà arc-en-ciel, sur le chemin des plaisirs dangereux tu t'en vas bien souvent et souvent tu excelles, petit ange ébloui par un trop grand soleil, viens donc te reposer à l'ombre de ma vie. Si d'aventure les étoiles tu choisis, sache que je t'aime et jamais ne t'oublie.

Je grimpe généralement en solo même s'il m'arrive de croiser du monde au pied des falaises.

L'été touche à sa fin et je retourne de façon presque obsessionnelle sur une voie, une voie en quelque sorte fétiche : l'Abominable Homme des doigts. Je l'ai toujours grimpée, soit avec Pierre, soit tout seul, mais systématiquement assuré, car elle est particulièrement difficile. Depuis quelque temps, je me promets de l'escalader en solo intégral, sans la moindre corde.

Alors que je suis parti ce jour-là avec cette idée en tête, je rencontre un groupe d'ados accompagnés de deux moniteurs d'escalade. Je repère tout de suite qu'ils débutent. Les deux adultes veulent assurer les gamins en plaçant une corde en haut d'une paroi pour les entraîner à grimper en moulinette. Cela nécessite une bonne marche pour atteindre le sommet par la pente douce. Quasiment une randonnée.

Comme je les trouve un peu empotés, je leur propose de leur faire gagner du temps : j'installerai moi-même la corde en grimpant la voie par la verticale.

– Vous feriez ça ? Vraiment ?

Ils sont un peu gênés par mon offre. L'un des deux va même jusqu'à protester :

– On voudrait pas abuser...

Tout cela me semble un peu artificiel et, de toute façon, je ne vois pas pourquoi je refuserais de les aider alors que cela me prendra juste quelques minutes. Je leur arrache des mains les cordes et lance, bravache :

– Allez ! Ça me dérouillera !

De fait, cette voie ne présente aucune difficulté pour moi et constituera un bon échauffement avant l'ascension de ma dangereuse verticale. En quelques mouvements, je l'ai d'ailleurs escaladée sous le regard ébahi des jeunes. Là-haut, je fixe la corde sur un piton déjà solidement ancré dans la paroi et, pour éviter qu'elle ne se coupe à cause de la roche, très saillante à cet endroit, je pose prudemment plusieurs mousquetons et une sangle.

Les gamins ont été très impressionnés par mon agilité. Et je ne suis pas mécontent d'être admiré. Il y a des instants que je savoure particulièrement, comme celui-là : j'aime bien rendre service. Même si je me voue désormais au solo, je n'ai pas oublié l'esprit de cordée. Et puis, je sais que, tout à l'heure, je grimperai peut-être l'Abominable Homme des doigts en solo intégral et que je reprendrai ma mobylette pour retrouver ma chérie et fêter ma performance avec elle. Ce soir, nous nous sommes donné rendez-vous dans le centre-ville pour aller voir *Blade Runner,* le film dont tout le monde parle.

Oui, à cette seconde même, la vie n'a jamais été aussi belle !

12

Nous sommes deux : mon corps et ma tête. Ou ce qu'il reste de ma tête. Un énorme tuyau obstrue ma gorge et ma vision s'arrête à la muselière qu'on m'a plaquée sur la tronche. J'ai mal mais je n'identifie pas l'origine précise de mes douleurs. Ai-je vraiment envie de la connaître ? Je pourrais me reconnecter avec le reste de moi-même en baissant les yeux vers... Mauvaise idée.

Je dors peut-être. Je rêve encore. Sûrement. Ou alors je me suis trompé d'endroit. Je ne suis pas tombé dans la bonne chambre. Fermons les yeux. Oublions vite, oublions tout : la muselière, le tuyau, le néon, le bip de la grosse machine avec ses voyants lumineux, la poche d'encre rouge suspendue... Et ce visage qui, soudain, se penche vers moi :

– Alain ! Alain ! Regardez-moi ! Ça va ? Vous m'entendez ? Dites-moi quelque chose !

Pourquoi cherche-t-elle à discuter ? Je n'ai aucune raison d'engager la conversation avec cette femme.

– Allez ! On fait un petit effort ! On se réveille ! Alain ! Alain !

Je n'aime pas trop ce retour en fanfare à la vie. Peu à peu, le monde bruisse de nouveau. En quelques heures, mes sens se dégèlent et se ravivent après une semaine de coma. Avec pour corollaire des élancements fulgurants que seule la morphine parvient à calmer.

Je n'ai aucun souvenir de ce qui m'a conduit là. Mais les infirmières se chargent de me rafraîchir la mémoire :

– Vous avez fait une belle chute. Une vingtaine de mètres ! Vous avez perdu beaucoup de sang mais la transfusion va vous requinquer.

Je peine à remonter le fil du passé. Il semble buter toujours au même endroit, un bel après-midi ensoleillé de septembre où je suis parti à la conquête de l'Abominable Homme des doigts.

C'est Nicole qui dénoue l'énigme.

– Tu as voulu descendre en rappel mais la corde était usée, elle avait servi aux enfants pour l'apprentissage des nœuds, elle a rompu. Tu es tombé la tête la première sur une dalle rocheuse.

L'histoire revient, par bribes. Ma rencontre avec le groupe d'ados encadrés des deux moniteurs. Ma proposition de les aider. Ma rapide ascension sous le regard ébloui des gamins. Ma très légère appréhension en fixant la corde au piton que, par prudence, j'ai consolidé avec des mousquetons et une sangle.

Je me revois songer trois secondes à un accident. Trois vaines secondes qui semblent avoir compromis carrément une existence. Le chef du service est formel :

– Oubliez l'escalade !

Inutile de me cacher sous les draps. Je ne suis d'ailleurs aucunement libre de mes gestes puisque, pieds et poings liés, je gis sur un lit cerné de barreaux. Une véritable cage. Cloué à mon matelas, je n'ai d'autre loisir qu'entendre et observer grâce à mes deux oreilles et mes deux yeux, que les lésions cérébrales n'ont pas entamés. La curiosité l'emportant sur la peur, j'ai fini par tourner la tête pour affronter l'autre part de moi-même. Je me suis réapproprié mon corps, bon gré mal gré, avec tous ses bobos. En gros : une peau déchirée, des veines tranchées, des os broyés. Dans le détail : un nez, un bassin, un genou, un coude et deux poignets en miettes. D'où les tiges métalliques qui perforent mes avant-bras. Et toute la quincaillerie pour stabiliser l'ensemble.

– On ne parle pas de fractures, dans votre cas, mais de fracas osseux. Les fixateurs externes vont essayer de solidariser tout ça mais vous ne retrouverez jamais la mobilité de vos poignets. Impossible. Ils sont pulvérisés.

Je sais évidemment ce que cela signifie. Tout grimpeur connaît cet élément clé du fonctionnement de la main. Sans radius et cubitus, point de salut ! Les miens sont explosés en une centaine de morceaux.

Le spécialiste me laisse accuser le coup avant de poursuivre :

– Vous êtes tombé dans un sacré merdier, excusez-moi du terme. Votre poignet gauche ressemble à une omelette aux herbes, poivrée avec de gros grains à peine moulus. On y trouve toutes sortes d'espèces végétales... et minérales. Pas facile d'éliminer ces saletés. Je ne vous garantis pas l'efficacité des antibiotiques, même à haute dose...

– Que voulez-vous dire ?

Le médecin me dévisage un moment puis lâche :

– On a essayé de nettoyer au maximum mais, je ne vous le cache pas, les résultats de vos analyses sont mauvais et vous avez de la fièvre.

– Et alors ?

De nouveau il reste en suspens, puis reprend :

– Vous risquez de perdre votre poignet.

Je ne peux plus me servir de mes bras ni de mes jambes. Je ne remarcherai pas avant des mois. Et, franchement, avec la meilleure volonté du monde, je suis incapable de leur démontrer le contraire. Pour couronner le tout, je continue de souffrir atrocement.

Les polytraumatisés ne suscitent malheureusement pas la pitié du personnel. Un service de soins intensifs est blindé contre la douleur. Dans les années 1980, on ne la juge pas encore intolérable, voire inadmissible. On distribue les antalgiques au compte-gouttes et les piqûres de morphine doivent être négociées, ce qui peut constituer un sacré challenge quand on ne risque pas de saisir une sonnette avec sa main, en l'occurrence invalide, pour appeler à l'aide. Vu mon état, je ne peux rien faire seul : manger, boire et tout le reste. Ces conditions n'arrangent rien pour se retaper un physique et surtout un mental miné par les sentences capitales des médecins qui s'échinent à ruiner toutes mes perspectives d'avenir.

L'hôpital de Grenoble où l'on m'a transféré, comme à la suite de ma première chute à ski, se trouvant à une centaine de kilomètres de Valence, la belle Nicole ne vient me voir qu'en fin de semaine. *Idem* pour ma famille, qui l'emmène en voiture. Je ne peux même pas compter sur la présence des proches pour me soutenir le moral.

Et lorsqu'ils sont là, je ne suis pas satisfait non plus.

– Tu nous as fait une peur ! Mais une peur ! gémit ma mère.

– Au moins, ça t'aura servi de leçon ! glisse mon père.

La tension monte soudain d'un cran. Il ne faut pas me chercher. D'humeur fragile, je réagis vite :

– Tu veux dire quoi ?

– Rien, tempère Nicole. Nous avons tous été très inquiets, tu peux le comprendre.

– Je parle à mon père, lui dis-je sèchement avant de m'adresser à lui. Qu'est-ce que tu insinues ? Tu crois que je ne regrimperai pas ?

J'enrage de donner raison à sa phobie chronique du moindre danger. Et de le voir presque rassuré à l'idée que l'escalade est finie pour moi.

Un aumônier me rend de temps en temps visite. Il s'assoit à côté de moi sans attendre que je l'invite à me tenir compagnie. Il arrive que nous ne nous disions rien. Mais je suis sensible à sa présence. Aussi muette soit-elle, elle m'apaise. Il a d'abord juste effleuré ma main. Me questionnant de façon minimale :

– Une chute ?

– Oui, une chute de 20 mètres.

Il sourit :

– Vous êtes un miraculé !

– Je ne crois pas aux miracles, dis-je, sur la défensive.

– Mais vous croyez aux statistiques, non ?

– Pourquoi ?

– Au-delà de 10 mètres, un tiers des chutes sont fatales.

Bien qu'il porte une grosse croix en bois, il n'aborde jamais le sujet de la religion. Sans doute parce que l'alpinisme constitue le thème principal de nos conversations. Il en est venu à me raconter ses souvenirs de guerre, dans le maquis du Vercors. Son engagement dans la Résistance et sa passion pour l'escalade me le rendent sympathique. À la différence de tous ces spécialistes qui se succèdent et rivalisent en pronostics alarmistes, il semble le seul à comprendre ce que j'endure. Inutile de lui décrire mon cafard, et, de toute façon, je n'avouerai jamais que je broie du noir.

Je n'ai pas la foi mais j'entends son message :

– Il faut toujours croire à l'impossible.

L'impossible. Edlinger l'a fait dans *La Vie au bout des doigts,* un film dont la télévision passe des extraits en boucle. Difficile de le rater quand on a ce seul moyen pour se divertir. En quelques semaines, le succès médiatique du documentaire réalisé par Jean-Paul Janssen lance la mode de l'escalade libre et propulse Patrick au rang de star mondiale. On le voit s'entraîner à la Piade, près de Toulon, mais aussi à Buoux, que je connais bien. Je mentirais en disant que je me réjouis de son triomphe. J'éprouve une soudaine amertume, un regret infini d'avoir raté de si peu les ovations du public.

Ma chute est survenue au meilleur moment de ma vie. Nous sommes peut-être cinq en France, *idem* aux États-Unis, à avoir atteint ce niveau. Quelques grimpeurs se souviendront de mes performances. Mais les autres ?

Le poignet gauche ne s'améliore pas beaucoup mais l'ostéite est jugulée : on ne m'amputera pas. Même si j'ai bien conscience d'avoir irrémédiablement perdu la motricité ou la sensibilité du pouce et de deux doigts en raison du nerf cubital sectionné, je reprends peu à peu espoir.

Je ne supporte définitivement plus les blouses blanches ni leurs sombres prophéties. Je n'ai qu'une envie : rentrer chez moi.

– Dans votre état, c'est totalement inconscient, proteste le médecin. Vous ne pouvez pas être autonome. Avec une fracture du bassin comme la vôtre, le repos en position allongée est indispensable pour éviter des conséquences que je ne vous décrirai même pas. Croyez-moi, elles ne sont pas follement réjouissantes...

Le type qui débarque dans la chambre ne m'apporte aucun réconfort. Chute de moto. Vingt-cinquième opération due aux accidents à répétition. Un rétablissement très aléatoire.

On nous appelle « les fêlés ». Il n'y a pourtant rien de commun entre moi et ce motard, au demeurant gentil mais assez limité. Je tue les heures en bavardant avec lui sur des sujets qui ne m'intéressent pas vraiment. Si nous partageons le même sort, nous venons d'horizons très différents. Ce que nous mettons en jeu à travers nos passions n'est pas du même ordre. Son goût pour les grosses cylindrées me laisse perplexe. Quand je grimpe, je n'ai besoin d'aucune machine. Ni même de pitons, de clous ou de cordes. J'aspire à me délester de tout quand lui rêve de puissants moteurs. Le solo intégral ne se compare à aucun autre sport. Ce n'est d'ailleurs pas un sport. C'est une ascèse, une ascèse qui m'est devenue vitale.

– Apporte-moi mes bouquins, ai-je demandé à Nicole.

Elle a compris. Elle revient avec tous les grands récits d'alpinistes qui m'ont construit. Un interne me surprend en pleine lecture.

– Vous vous faites mal, me dit-il.

Je ne lui accorde pas même un regard, encore moins une réponse. Les mauvais augures ne me bouleversent plus. J'ai décidé de faire la sourde oreille : je regrimperai.

13

Enfin une oreille compatissante ! Le chef de clinique s'est-il pris d'amitié pour moi ? Ou fait-il preuve tout bonnement de réalisme ?

– Je ne vous interdirai pas de vous lever. Je sais que vous n'en ferez qu'à votre tête. Alors, autant que cela se passe sous contrôle médical. Ici.

Quelques heures plus tard, je suis pris en charge par le kinésithérapeute, dans la salle de rééducation. Je me lève, malgré des douleurs à peine tolérables. Je fais un pas avant de m'écrouler dans mon fauteuil roulant. Une défaite qui me plonge dans une détresse terrible. Soudain, tout ce qu'on a pu me dire résonne de façon tragique.

Surtout lorsque le chef de service, qui a eu vent de l'histoire, s'emporte. Il apprécie peu l'initiative qu'a prise son confrère. Ni mon obstination à me remettre sur pied.

– Vous êtes givré ! Totalement givré !

Et de me rabâcher toutes les complications qui vont résulter de mon inconscience. La guerre des pontes a commencé. Chef de service contre chef de clinique. À cet instant, je ne prends le parti que d'un seul : le patient que je suis et qui ne ressemble sûrement pas aux polytraumatisés lambda.

– Je veux marcher. Tant pis si j'ai mal ! J'ai tout de même le droit de souffrir, non ?

Dans le service, je passe pour un extravagant. D'autant plus que mon passé d'épileptique a ressurgi, écrit en gros feutre rouge dans mon dossier médical.

– Et vous continuez à grimper malgré ça ? me répète-t-on.

On ne comprend pas non plus pourquoi j'ai refusé systématiquement les anesthésies générales. L'idée de me soustraire au monde, à sa réalité, aussi âpre soit-elle, m'angoisse en effet à un point inimaginable. Je préfère souffrir que mourir.

De fait, la douleur ne m'a jamais gêné. Depuis mes années scoutes avec Pierre, je la dompte, la domestique. L'escalade m'a appris à la supporter, mieux, à l'accepter, l'accueillir presque avec joie. C'est même un marqueur pour un athlète de haut niveau. Quand on souffre, on progresse !

Et puis, mon corps m'appartient. Je ne cherche pas à le maltraiter, juste à l'aguerrir. Je crois savoir mieux qu'un autre ce qui est bon pour lui. Depuis que je me fais tirer le portrait tous les cinq matins chez le radiologue, j'en connais maintenant autant le dedans que le dehors. Je pourrais nommer l'une après l'autre les pièces qui composent mon squelette, décrire cliniquement les lésions qui m'affectent. J'ai besoin de maîtriser ma mécanique. Et comme tout autodidacte, j'ai du mal à ce qu'on m'impose des règles.

Je sais pertinemment qu'ils ne me laisseront pas partir et je connais le protocole :

– Je veux signer une décharge !

– Une décharge ? Vous n'y pensez pas ? Vous avez vu l'état de vos poignets ?

C'est vrai qu'ils puent. L'infection n'est pas complètement résorbée et un liquide jaunâtre suinte des plaies.

– On peut se débrouiller avec une infirmière à domicile, non ?

– Et les broches ? me dit-il.

– Je suis assez grand pour resserrer les molettes tout seul.

Le bois de santal a chassé les odeurs d'éther. Non pas que les soins soient terminés. Les diverses infections ne sont pas totalement enrayées et de nouvelles complications apparaissent. Ainsi, la peau bourgeonne, développe des excroissances purulentes autour des broches. Un kiné et une infirmière viennent deux fois par jour à la maison. Entre les visites, je bouquine. Je ne lève pas encore mes avant-bras mais j'effectue correctement les mouvements latéraux : je peux tourner des pages, en m'aidant même de l'index.

Je rééduque mes mains avec des balles en mousse. Je passe des heures à les presser dans mes paumes. Mais je ne me contente pas de ces simples exercices. Je saisis entre mes doigts tout ce qui pourra m'aider à retrouver un minimum de motricité. Ouvrir une bouteille ou tourner un bouton me demande des efforts prodigieux. Moi dont la dextérité avait depuis toujours suscité l'admiration de tous, je suis devenu brutalement infirme. C'est Nicole qui me porte le verre ou la fourchette à la bouche. Elle encore qui me lave, me soulève dans ses bras pour aller aux toilettes. J'ai beaucoup maigri. Tous mes muscles ont fondu. Et je suis parfois très découragé par une impotence qui me rive au lit et aux autres.

Peu à peu, je reprends pourtant du poil de la bête. Je compense d'abord mon manque d'entraînement physique par la mémoire. Je ne me suis pas seulement replongé dans les grands classiques de la littérature montagnarde, je relis aussi tous les topos de voies qui me permettent de garder encore un contact, même mental, avec les falaises. Je n'ai rien oublié. Dans ma tête, je suis capable de répertorier tous les gestes nécessaires pour défier les verticales les plus dures. L'une d'elles continue de me fasciner : l'Abominable Homme des doigts. Une idée germe. Je me promets de la tenter en solo intégral d'ici deux ans.

Voilà mon objectif, et je vais tout mettre en œuvre pour le réaliser.

Vu que le mode horizontal n'a jamais été mon fort, je remonte assez vite sur mes deux jambes, faisant mentir tous les spécialistes qui me condamnaient à ramper pour le restant de mes jours. Mon horizon se limite cependant au périmètre de l'appartement. Mais j'en fais mon affaire, bien déterminé à l'explorer selon mes capacités. Appareillés de fixateurs, mes bras ne me sont encore d'aucun secours. Je transformerai ce handicap en atout car l'escalade se joue d'abord avec les pieds : c'est sur eux que je me focalise, cherchant à optimiser leur placement. Le couloir qui relie la chambre à la salle de séjour pourrait s'assimiler à ce qu'on appelle une cheminée (une fissure large dans laquelle on peut introduire le corps, et que l'on remonte en utilisant des techniques d'opposition). Pendant des semaines, je le traverse inlassablement, les jambes écartées et le bout des pieds tendu sur le rebord de chacune des plinthes qui se font face.

L'ablation des fixateurs me permet de franchir une nouvelle étape. Libéré de toute cette ferraille, j'ai l'impression que je pourrai presque voler. À force de tripoter toutes sortes d'objets, mes doigts se sont aussi dégourdis. Je m'attaque alors aux murs de l'appartement. Des surfaces lisses qui, à défaut de falaises, peuvent se substituer aux parois naturelles. Ma première sortie sera consacrée à faire quelques emplettes chez le marchand de bois. J'en reviens avec une dizaine de longues planches que je cloue aux murs de toutes les pièces, à environ deux mètres du sol. Sur ces lattes, je visse à intervalles plus ou moins réguliers de minuscules tasseaux.

Pendant des semaines, les doigts agrippés à ces tasseaux, le bout des pieds calé sur la saillie des plinthes, je longe les murs de notre deux-pièces.

Je ne supporte bientôt plus d'être confiné nuit et jour dans l'appartement. Près de la maison, il y a un mur de galets qui s'étend sur environ 10 mètres. À cette époque de ma vie, il représente l'Everest. J'y pense de plus en plus souvent, de plus en plus fort.

Mon état physique n'est, hélas, pas à la hauteur de mes ambitions. Le moindre de mes déplacements me demande une énergie titanesque. Mais je veux relever coûte que coûte le défi. Même si c'est au prix d'une rééducation qui s'apparente à un véritable chemin de croix. Autour de moi, certains ne comprennent pas cet entêtement à vouloir exécuter ce que le corps médical a décrété impossible.

On me suggère de profiter de la situation. En premier lieu, l'assistante sociale, qui serait prête à remplir tous les papiers nécessaires afin que je touche une pension d'invalidité. Pour moi, c'est bien sûr inenvisageable. Je n'ai jamais autant rêvé d'escalade qu'à l'heure où cette activité m'est interdite.

Le mur de galets devient ma première base d'entraînement après l'appartement. J'y vais tous les jours, matin et soir. Les voisins m'observent depuis les fenêtres des immeubles. Commentent ce qu'ils considèrent comme un acte de pure folie. Edlinger n'a pas popularisé l'escalade libre au point de rendre cette discipline familière aux yeux de tous ces braves gens. Et le concept du *parkour*, qui officialise le déplacement sous ses variantes les plus inattendues en milieu urbain, n'existe pas même sous une forme marginale. Les Yamakasi, ces jeunes de banlieue que filmera Ariel Zeitoun dans les années 2000 et qu'il assimilera à des samouraïs des temps modernes, sont alors des mioches qui tiennent à peine sur leurs gambettes. Dans mon quartier, je détonne. On me prend vraiment pour un fou. Heureusement, le regard qu'on me porte ne m'a jamais perturbé. Je m'en moque même éperdument. Je suis si concentré que j'ai l'impression d'être seul au monde.

Le mur de galets ne recèle bientôt plus aucun mystère pour moi. Je songe désormais à celui de la Maison des jeunes et de la culture. Son avantage ? Les interstices entre ses briques rouges sont extrêmement étroits. Au début, je peux à peine le parcourir à l'horizontale. Pour se déplacer, il y a en effet un instant particulièrement délicat, lorsqu'on doit lâcher une main pour saisir une prise plus loin. Mon manque de force et de mobilité ne me le permet pas encore.

Bizarrement, toutes les difficultés que je rencontre me stimulent. Je suis animé d'une volonté incroyable. Je divise ma journée en trois sections. Ma régularité et mon acharnement paient. Je gagne quelques centimètres par jour. Chaque matin, je me fixe un objectif nouveau. Et chaque soir, lorsque je m'en vais, je marque d'une croix à la craie le point le plus éloigné que j'ai atteint.

Le mur mesurant 100 mètres de long, je compte deux années pour parvenir à le traverser dans son intégralité.

J'ai beau avoir calculé le temps qu'il me faudrait pour retrouver le niveau qui était le mien avant l'accident, je n'ai pas encore réalisé combien cela serait éprouvant. Cependant, quelque chose s'est déclenché en moi. Je résiste mieux à l'échec. Je relativise mieux aussi les succès. Je m'accepte tel que je suis : je ne rêve plus.

Je sais par exemple que mon poignet droit est en mauvais état et que le gauche est carrément bloqué. En clair, je n'ai plus de rotation possible au niveau des mains. Mon extension est aussi fortement diminuée à cause de mon coude multifracturé et de mes nerfs sectionnés. J'ai de ce fait beaucoup moins de sensibilité.

Heureusement, les poignets et les bras sont reliés à une chose formidable : les épaules. Celles-ci représentent l'articulation la plus perfectionnée de l'homme. Je découvre leur énorme potentiel, soulagé de savoir que je pourrai compenser mes handicaps grâce à ce merveilleux outil.

J'ai calé une barre entre les deux montants du chambranle d'une porte. Idéal pour pratiquer les tractions. Au bout de quelques mois, j'en enchaîne 700 en une heure. Je commence par des petites séries de 3 ou de 5 que j'exécute alternativement. Au-dessus des portes, j'ai aussi fixé des réglettes de différentes tailles, auxquelles je me suspends pour affermir mes doigts, et plus précisément mes phalanges.

Je deviens extrêmement méthodique, transformant cette routine en plaisir. J'accomplis ces exercices répétitifs, presque avec volupté, parce qu'ils sollicitent au maximum mes forces et que celles-ci croissent de jour en jour. Cette musculation forcenée endurcit mon corps tout comme mon mental. C'est un rituel qui me structure.

Je consigne mes entraînements et mes performances sur un cahier. Je les compare à ceux des meilleurs grimpeurs de l'époque. La revue *Bloc et falaises* a consacré un numéro à ce sujet. Les résultats de ces athlètes deviennent à mes yeux des références. Des références que je veux bien sûr dépasser. Aussi infimes soient-ils dans les premiers temps, les progrès que j'enregistre à présent me remplissent d'espoir.

Peu à peu, j'ai repris possession de moi. À tel point que j'ai hâte d'être au pied du mur.

14

Ce mur s'appelle l'Abominable homme des doigts. Quoiqu'il ressemble davantage à une assiette creuse posée sur sa tranche. 25 mètres de large pour 50 mètres de haut, une roche blanche, rouge et noire aux pieds de laquelle coule le petit ruisseau de la Goule. Si l'on contourne cette superbe falaise convexe, son point culminant est facilement accessible. Aussi, les promeneurs s'étonnent qu'on veuille la monter par son côté le plus raide. Néanmoins, la difficulté réside surtout dans sa forme singulière. Je l'ai éprouvée avec Pierre, il y a une dizaine d'années, lorsque nous l'avons descendue en rappel, nous balançant tels des pendules au bout d'une corde sans pouvoir toucher la paroi d'un orteil. Étrange sensation, propre à réveiller la peur atavique du vide qui m'a longtemps habité et que je n'ai cessé de vouloir dominer.

Il est temps de reprendre l'entraînement. Comme je me le suis promis dès le début de ma rééducation, j'ai décidé de gravir cette voie en solo intégral, c'est-à-dire sans assurance. Pendant des mois, je répète les mouvements, tout en restant encordé. Jusqu'à connaître sur le bout des doigts son passage en dévers, et ses petites prises diaboliques. Je tiens bon et je finis par relever le défi : j'abandonne le baudrier.

La falaise en question se trouve à Cornas, un lieu peu fréquenté que j'ai largement exploré à l'époque du scoutisme et où je retrouve en quelque sorte mes racines, loin du monde qui peuple des sites branchés tels que Buoux. Je n'ai pas envie d'être observé.

Durant cette longue période où je « redresse » mon corps, je prends une certaine distance avec le genre humain. Beaucoup de sportifs se transcendent par l'émulation. Moi, je me transcende tout seul. Il n'en demeure pas moins que je suis entouré. De nombreux amis passent souvent à l'appartement pour prendre de mes nouvelles et, surtout, s'enquérir de mes progrès. Dans la région, je passe pour un miraculé.

Cette notoriété locale ne m'exalte pas particulièrement. Je puise en moi de telles ressources que je n'ai besoin de rien d'autre pour savourer ce bonheur d'être entier, en vie, face à la verticale que je grimpe sans faillir. J'ai recollé les morceaux. Les poignets ont perdu toute souplesse et trois doigts ne fonctionnent plus. Mais qu'importe ! J'optimise le reste.

En deux ans, je suis devenu un autre homme et je ne me suis jamais senti aussi puissant. Finalement, cette chute m'a fait rebondir bien plus haut que je ne l'aurais imaginé. Car ce que j'ai perdu sur le plan physique, je l'ai largement gagné sur le plan mental.

J'ai en effet appliqué à la lettre la citation de Nietzsche: « Ce qui ne nous tue pas nous rend plus fort. » Je me suis régalé à faire mentir les grands pontes de la chirurgie. Et, du coup, à les faire choir de leur piédestal. L'un d'eux a pourtant avoué en toute humilité s'être trompé. Il s'agit de Gérard Hoël, un chirurgien de la main qui a pratiqué quelques ostéotomies sur les miennes pour récupérer ce qu'il pouvait, sans grand espoir toutefois. Ce médecin est un grimpeur. Lors de la première consultation, il a préféré être honnête avec moi:

– Comment pourriez-vous saisir un graton avec de tels abattis ?

Le graton est une petite prise large de quelques millimètres. Certes, avec mes articulations bloquées, ce n'est pas simple. Les os ont fabriqué du cal mais de façon anarchique. Impossible de récupérer ma poigne. Mes préhensions sont vraiment limitées. La perte de sensibilité me pénalise aussi beaucoup. Je suis incapable encore aujourd'hui de serrer une main, dévisser une bouteille, fermer un robinet.

J'invite cependant Gérard Hoël à m'accompagner sur le terrain. Pour lui prouver que j'ai compensé toutes mes tares. Il est soufflé.

Je dois pourtant l'admettre: plus rien n'est tout à fait comme avant. De temps en temps, je perçois ce qui m'environne de façon bizarre. Je suis à deux doigts de perdre l'équilibre, je ressens des étourdissements, comme si tout ce qui m'entourait bougeait, tournait ou oscillait. Dès que je ferme les yeux, j'ai l'impression de tomber et je dois me retenir au mur pour ne pas vaciller. Parfois, j'en aurais presque la nausée.

Je n'en parle pas et, d'ailleurs, je ne m'écoute pas. Je continue mes ascensions malgré mes fréquents vertiges.

Et quand l'expert médical insiste pour que j'accepte une pension d'invalidité, je décline l'offre.

J'ai préféré reprendre mon activité à mi-temps au magasin de sport et au rayon montagne dont j'ai la charge. Entre midi et deux, c'est la course folle. Je saute dans une vieille voiture récemment acquise pour remplacer la mob bleue qui a rendu l'âme et je file à 15 kilomètres de là, à Châteaubourg. Une fois sur place, je me change en un éclair, enchaîne dans la foulée, sans échauffement et en solo, deux ou trois fois mes voies fétiches, redescends, me change à nouveau et reprends ma bagnole avant de foncer sur la route pour assurer l'ouverture de la boutique. Entre mon arrivée sur le site et mon départ, il ne s'est pas écoulé trente minutes. Les quelques grimpeurs qui assistent à ce spectacle assez improbable en restent médusés.

Je ne déroge jamais à cet entraînement quotidien. Maintenant que j'ai réglé son compte à l'Abominable Homme des doigts et que mon niveau progresse, j'utilise des variantes encore plus difficiles, enchaînant la montée de cette voie par la redescente de l'Abomifreux avant l'ascension d'une troisième voie : l'Abominafreux.

En quelques années, j'ai gravi ces falaises plus d'un millier de fois ! Je me suis juré de ne plus jamais être dans l'incapacité d'escalader l'Abominable Homme des doigts. Quel que soit le temps, quel que soit mon état. Il m'est arrivé de grimper cette redoutable falaise avec 39° de fièvre ou une fracture d'un doigt et une luxation de l'épaule, suite à une chute... à vélo.

Je peux grimper aussi avec la tête qui tourne. Ces maudits vertiges ne me quittent pas. Mais j'ai trouvé un antidote. Je récite des mantras :

J'ai confiance en moi et je réussis tout ce que j'entreprends.

Je me suis même entiché d'une autre falaise ardéchoise qui domine la vallée du Rhône et ses fameux vignobles. Il s'agit de la roche Pertu, ce qui signifie, dans le patois local, « roche percée ». Une belle barre de calcaire sculpté, une hauteur d'une douzaine de mètres, rien de colossal mais, là aussi, des difficultés très élevées, notamment sur un bloc qui présente une partie surplombante. J'y ai découvert un trou où je peux glisser seulement mon petit doigt. J'aime le sentir qui se crispe à l'intérieur. À cet endroit, il n'y a rien pour les pieds. La seule façon de décoller serait de pouvoir lever tout le poids de mon corps sur un bras et un seul doigt. Et pas n'importe lequel : le petit doigt de la main. C'est pour l'instant simplement un rêve que je caresse du bout de mes deux premières phalanges.

Je ne sais pas encore que, dans quelques années, je parviendrai à enchaîner trois tractions d'affilée sur un bras et l'auriculaire de ma main gauche. Même encore aujourd'hui, le passage de ce bloc demeure une énigme pour les plus forts.

Une autre voie, nommée Persiste et signe, m'intéresse. Un mur presque lisse qui me permet de travailler ma force pure. Je le remonte en solo et, une fois franchi le passage le plus dur, je le redescends et l'escalade de nouveau jusqu'à épuisement. Certains jours, je peux effectuer ce petit manège huit fois de suite.

Bien qu'encordés, la plupart n'arrivent même pas à tenir les prises. Ils sont stupéfaits de me voir randonner dans cette voie en complète insouciance. À la différence des autres, je parviens mentalement à faire totalement abstraction de la chute. Durant toute cette période, je peaufine cette technique. Je veux me dépasser, me libérer de l'emprise de la mort et laisser libre cours à mes envies. Voilà comment, peu à peu, je me définis un nouvel objectif. Qui n'a rien d'irréfléchi. Même si les grimpeurs me prennent pour un fou. Dans le milieu, personne ne comprend ma démarche.

En contrepartie, je commence à me faire remarquer. Ce qui m'arrange car j'ai sérieusement besoin d'argent pour continuer à m'entraîner de manière intense. Mammut, qui fabrique des articles de montagne, m'offre le matériel nécessaire mais aussi un salaire.

Le commercial de la boîte a entendu parler de moi et vient me voir directement au magasin. Comment refuser, quelques jours plus tard, l'offre de son directeur ?

– Je ne dis pas que vous ferez des folies avec ça, mais ce n'est peut-être qu'un début...

Je ne m'attends pas à grand-chose. Je ne négocie du reste rien. Je suis encore un peu sauvage à l'époque. J'ai conscience de susciter l'intérêt mais je ne sais pas bien gérer les rapports humains.

Je repars, le cœur battant, avec un contrat de 600 francs mensuels. Un véritable pactole pour moi et Nicole qui vivons plus que frugalement. Le début également de ce qui pourrait raisonnablement ressembler à une carrière. J'ose maintenant croire que je pourrai vivre de ma passion.

On me photographie bien sûr avec les produits de la marque. Ces clichés sont essentiels pour moi. Ils constituent les preuves tangibles de mes performances. Malheureusement, le photographe ne me saisit pas toujours dans les moments clés et les passages les plus délicats. Aujourd'hui, avec un seul téléphone portable doté d'une caméra, tout cela ne pose plus aucun problème. Mais, à l'époque, certains esprits jaloux doutent de mes capacités parce qu'il n'en reste aucune trace visuelle.

L'idéal serait bien sûr d'être filmé. L'opportunité se présente bientôt. Un prêtre, fou de parapente, veut réaliser un documentaire autour de mes exploits, qui le fascinent.

– Avec toi, l'impossible devient possible, me dit-il.

Pour lui comme pour les médecins, je constitue une énigme et ça lui plaît.

– Tu oses défier la raison. Tu obéis à ce qui n'est rien d'autre que la foi.

Je rectifie :

– La foi en moi.

– Peu importe. Notre époque est marquée par le doute, parfois corrosif et systématique. Pourtant, alors que beaucoup de choses semblent perdues, il reste un espoir. Tu incarnes cet espoir.

Il ne me convertit pas à sa religion. J'ai beau être baptisé, je ne me suis jamais senti en phase avec le dogme chrétien. Ce gars-là me touche néanmoins par sa sincérité et son atypisme. Je me prête au jeu.

Il tourne donc un film qu'il titre : *Il était une foi.*

Le reportage circule. Mon nom aussi. Je suis maintenant approché par des professionnels de l'image, dont un cinéaste qui veut tourner un court-métrage de 8 minutes sur mon ascension en solo intégral de la falaise d'Omblèze, cotée parmi les voies les plus difficiles. Il a choisi de me montrer tel quel. Je grimpe torse nu, juste vêtu d'un collant rouge. Nicole lève la tête en l'air avec Hugo, notre petit dernier, juché sur son dos pendant que Julien, notre premier garçon, se suspend à la branche d'un arbre voisin et montre déjà des qualités athlétiques.

Passion vitale sera projeté au festival de Janssens, présidé par Patrick Edlinger. C'est à cette occasion que je reçois le prix de la Performance sportive des mains mêmes de mon aîné.

Nous sommes en 1991. Je n'ai pas 30 ans. Après toutes ces souffrances et ces épreuves, l'avenir, soudain, me sourit.

Parce que j'ai trouvé mon fil conducteur. L'engagement physique, l'engagement mental.

15

Valence ne retient pas ses artistes. Trop petite, la ville manque de perspectives, de souffle malgré tous ses vents décoiffants. Anne-Sophie, qui rêve de devenir décoratrice, est partie tenter sa chance à Paris.

– C'est là que tout se passe ! a-t-elle décrété, très péremptoire.

Ce genre d'argument me laisse froid. Sans doute parce que mon entraînement forcené m'a un peu isolé du reste du monde. J'ai donc d'abord haussé les épaules, déçu de voir ma petite sœur s'éloigner. Je m'étais habitué à sa présence. Elle traînait souvent chez nous et m'accompagnait parfois dans mes drôles de randonnées sur les falaises. Les enfants vont aussi la regretter. J'ai deux garçons, Julien et Hugo, âgés respectivement de 4 et 2 ans. La vie s'écoule paisiblement. J'ai réduit au maximum mes besoins. Du moment que j'escalade, tout va bien.

Depuis longtemps, des articles paraissent régulièrement à mon sujet dans des revues spécialisées et les différents reportages qu'on tourne maintenant sur moi m'ont soudain propulsé sur le devant de la scène nationale. Très largement vus et commentés dans le petit milieu de la grimpe, ils suscitent aussi l'intérêt de journalistes et d'un public qui ne sont pas forcément des férus de sport ni des gars du coin. Mon profil atypique les intrigue. C'est bon pour mon image, et, par conséquent, pour mon sponsor Mammut qui continue à me verser un salaire et me filer du matériel. Le réalisateur de *Passion vitale* n'a aucune difficulté à projeter son court-métrage. Il l'a même vendu à TF1 pour une émission tardive.

– Il faudrait que tu montes à Paris. Ils veulent faire une interview, m'annonce-t-il au téléphone.

Au début, l'idée me réjouit à peine. Les grandes agglomérations ne m'attirent pas, et encore moins la capitale. Je me sens mieux dans ma cambrousse.

Quand, la semaine suivante, je débarque à Paris par le périphérique, c'est le choc. Le destin nous envoie parfois des signes annonciateurs qu'on ne décrypte pas toujours. Deux blocs éclatants de pureté miroitent sous les derniers éclats du soleil. La vision des tours Mercuriales, dressées dans un ciel rougeoyant, me révolutionne. Sans que je me doute une seconde que je les grimperai dans moins de quatre ans.

Anne-Sophie vit dans un minuscule studio au rez-de-chaussée d'un immeuble haussmannien en plein Barbès. J'ai beau passer à la télé, notre budget est extrêmement limité. Je suis venu avec mes premiers supporters, Nicole, les deux enfants et un pote grimpeur, Thierry. Comme ma sœur a un petit ami, nous sommes parfois sept ou huit à dormir chez elle, sans compter les deux chiens d'Anne-Sophie. Des clochards ont élu domicile contre le soupirail qui donne sur le trottoir et, dès que la fenêtre est ouverte, nous profitons de leurs conversations. L'ambiance bohème de ce gentil taudis me plaît bien. Et, de toute façon, nous n'avons guère d'autre choix que de nous entasser là. Hors de question de se payer un hôtel ni quoi que ce soit, excepté un magnétoscope pour visionner *Passion vitale* dont j'ai obtenu une cassette. Toute notre fortune de l'époque y passe.

Nous jouons donc aux touristes avec les moyens du bord, entassés dans notre vieille voiture, nous contentant d'admirer les beautés de la ville à travers les vitres. Ma sœur tient pourtant à nous faire connaître la tour Eiffel de près.

– On peut bien s'offrir un verre de champagne, là-haut ?

Je ne bois même pas une goutte d'alcool au réveillon et je ne vais pas m'y mettre maintenant. J'accepte de les suivre mais, bizarrement, je ressens une déception. Enfant, j'avais pourtant beaucoup fantasmé sur cet édifice et son antenne capable d'émettre des images et des sons jusqu'à ma maison, sans croiser d'autres sommets aussi hauts. Elle me paraît maintenant toute petite.

– Bof ! Ça ressemble à une grande échelle, dis-je.

L'idée de la gravir autrement que par les voies ordinaires m'a évidemment effleuré. Mais je suis là pour autre chose, notamment pour répondre aux questions du journaliste de *Minuit Sport* dans le bois de Vincennes.

Je rends visite également à la rédaction d'*Alpi Rando.* Bref, c'est une sorte de tournée promotionnelle, quelque chose d'assez nouveau pour moi. Ce qui ne me déstabilise pas pour autant. Gravir des parois à mains nues relativise les autres épreuves, qui m'apparaissent souvent dérisoires. Les messieurs de la presse ou de la télé ne m'impressionnent vraiment pas.

– T'as pas le trac ? s'étonne-t-on.

– Non.

Tout le monde trouve que je passe bien à l'image. Et, surtout, que mes performances légitiment mes apparitions dans les médias. Cette reconnaissance est une aubaine. Pour la bonne raison que cette visibilité me laisse envisager l'avenir sereinement. Comme Edlinger, qu'un seul film diffusé quelques années plus tôt dans l'émission *Les Carnets de l'aventure* a rendu célèbre, je pourrai peut-être, grâce à des sponsors plus prestigieux, vivre à 100 % de ma passion et grimper aux quatre coins de la planète. À Paris, je me découvre en fait un nouvel horizon.

Je ne suis malheureusement pas toujours dans mon assiette. Mes problèmes de vertige ne se sont jamais manifestés de façon aussi aiguë.

– Tu devrais consulter, me dit Anne-Sophie à qui j'en parle enfin. Pourquoi n'irais-tu pas à l'hôpital Lariboisière ? C'est juste en face.

Je finis par suivre ses conseils et j'atterris bientôt dans un service ORL dirigé par le professeur Freyss.

– Vous tombez bien, me dit l'infirmière. Sur la question du vertige, c'est une sommité en Europe.

On a pris mon cas très au sérieux puisqu'on me programme une batterie d'examens échelonnés sur deux jours au terme desquels je suis reçu par le grand patron en personne.

Sur son bureau est étalée une feuille blanche avec un gros carré au centre et deux courbes se rejoignant à l'extérieur de ce carré.

– Ma secrétaire se plaint d'avoir des vertiges en haut de son tabouret, commence-t-il. Et, en effet, ses deux courbes se rejoignent et se croisent presque à la limite extérieure du carré.

Je subodore qu'il se prépare à m'annoncer une mauvaise nouvelle. Si ce graphique me concerne, mon cas est bien plus sévère que celui de la secrétaire.

– M. Robert, continue-t-il, les courbes d'une personne ayant un sens de l'équilibre... disons normal, se croisent presque au centre.

Il détache enfin les yeux de son dessin et les pose sur moi.

– Me suis-je fait comprendre ?

Je ne réagis pas. Il enchaîne.

– Vous êtes marié ? père de famille ?

– Oui, j'ai une femme et deux enfants.

Il se redresse sur son siège et me dévisage, avec un air totalement consterné.

– Monsieur Robert, assène-t-il, vos courbes se croisent à l'extérieur du carré. Vous entendez ? À l'extérieur du carré ! Même avec une corde, vous ne pourrez plus jamais grimper. Vous devez cesser immédiatement vos bêtises. Ou, permettez-moi de vous le dire, suicidez-vous tout de suite. Vous ferez souffrir moins longtemps vos proches.

Mon séjour parisien finit là. Je reprends la route de Valence avec un cafard monumental. Comme si tout ce que j'avais enduré et surmonté jusqu'ici n'avait servi à rien. Je suis revenu au point zéro : bon pour une pension d'invalide. Personne ne se doute de ce que j'éprouve. J'ai remisé le rapport médical qui m'accable au fond de mon sac mais je ne pense qu'à ça. Et à la petite brochure explicative jointe au dossier.

En gros, deux organes procurent à notre corps une sensation d'équilibre : le labyrinthe, situé dans l'oreille interne, et le cervelet, sorte de petit cerveau secondaire logé à l'arrière du crâne. Le labyrinthe est constitué de trois canaux liés aux trois plans de l'espace. Quand, par exemple, on bute sur un obstacle, le labyrinthe enregistre cette variation de position, exactement comme le niveau d'un maçon. Il informe alors le cervelet, qui reçoit une quantité d'autres informations provenant des muscles et des articulations. Le cervelet envoie alors des ordres au cerveau pour que celui-ci actionne les muscles qui vont rétablir l'équilibre. Dans les vertiges, tout ce système est perturbé.

Lorsque j'ai interrogé le chef de service sur les causes de mon mal, sa réponse a été lapidaire :

– Chutes répétées.

Il me faut six heures de route. Le pied à fond sur l'accélérateur, j'ai besoin d'enfiler les kilomètres. Je ne m'arrête même pas à la maison où je dépose ma petite famille avant de foncer vers Cornas.

Je ne cache rien à Nicole. Le voudrais-je, je n'y parviendrai pas. Elle devine tout.

– Tu es vraiment sûr ?

– Oui.

Elle m'embrasse. Et je repars aussitôt. Direction l'Abominable Homme des doigts.

Je veux me prouver séance tenante que je peux regrimper, et cela malgré tous mes vertiges giratoires. Gamin, j'avais une peur viscérale du vide. Elle hantait mes nuits et mes jours. Mon père me frappait pour que cessent mes cauchemars. Les dominer était une question de survie.

Et je veux vivre. Justement pour mes proches, quoi qu'en disent les autorités médicales. Nicole et mes enfants sont là, avec moi, même s'ils prennent désormais de la distance en s'éloignant de ces parois qui les glacent d'effroi. Retiendrai-je cet élan vital pour leur éviter de souffrir ? Leurs souffrances ne seraient-elles pas bien plus grandes si je m'empêchais de faire ce que je dois faire ? Grimper m'est aussi nécessaire que respirer.

J'ai confiance en moi et je réussis tout ce que j'entreprends.

L'essentiel reste de tenir les prises. J'ai toujours préféré monter que tomber. Je dois croire à mon instinct et à mon mental. Je finirai par m'habituer à ce sens visuel pas très fixe.

À Valence, tout le monde a vu l'émission. On m'arrête partout, dans les magasins, sur les trottoirs. Juste pour signer des autographes !

Ma mère est enfin fière. Elle a prévenu le quartier que son fils passait sur la première chaîne.

À peine suis-je rentré qu'une femme m'aborde dans la rue. Elle a déjà dégainé un stylo pour que je signe la page vierge du calepin qu'elle me tend. C'est une jolie brune avec de très beaux yeux qui me rappellent vaguement un regard que j'ai déjà croisé. Elle me sourit, un brin minaudeuse :

– Si j'avais su...

– Si vous aviez su quoi ?

– Le lycée Montesquieu.

Je reste coi. Je ne me souviens pas d'avoir eu pour camarade de classe une telle beauté. Dans ce cas, j'aurais sans doute un peu mieux travaillé à l'école...

– Je vois que les cours d'EPS ne vous ont pas laissé de grands souvenirs...

La mémoire me revient brutalement. La prof de sport, usant et abusant de son sifflet pour activer les cossards et les tire-au-flanc !

– Dire que je n'ai jamais réussi à vous faire même grimper à la corde... plaisante-t-elle.

16

Je suis tombé de cette falaise mais elle ne me fait plus peur. En tant que moniteur d'escalade, j'aime d'ailleurs entraîner mes clients là. C'est ma façon à moi de tenir tête à ce caillou qui a voulu ma mort onze ans plus tôt.

J'insiste toujours sur l'importance capitale du placement des pieds. Trop souvent, j'entends de mauvais grimpeurs se plaindre de manquer de force dans les bras. Je veux prouver qu'on peut grimper une voie même avec une main dans le dos. Je n'hésite pas à joindre à mes explications des démonstrations. J'avale les premiers mètres facilement car ils ne présentent aucune difficulté. Puis je me prends au jeu. Peut-être parce qu'il y a du monde au balcon. Et que je ne veux pas faillir à ma réputation. Dans le milieu, je suis devenu le phénomène et, soyons franc, cela me grise un peu.

Je chute de 10 mètres. L'impact est extrêmement violent. Surtout pour un genou, mon poignet gauche, la face, notamment l'os malaire et le nez. J'ai bien sûr perdu connaissance et je me réveille seulement le lendemain à l'hôpital. Je ne me souviens de rien, excepté de ma visite au magazine *Vertical*, la veille, au matin, suite à mon apparition dans le JT présenté par Poivre d'Arvor sur TF1. Quelques jours plus tôt, une équipe était venue filmer mon ascension de l'Œuvre posthume: une voie très difficile avec une section en dalle sur de petites prises pendant les dix premiers mètres, puis un toit horizontal suivi d'une longue partie surplombante et un passage des plus coriaces à la sortie. Le genre d'endroit où l'on oublie de respirer et qui demande beaucoup de foi.

Ma carrière prenait tournure et ce stupide accident vient tout compromettre.

Mais, de nouveau, je m'en remets. Ma faculté à rebondir s'est encore accrue car je connais parfaitement mon corps. J'ai compris très tôt qu'il fallait le forcer sans excès, avancer, comme disent les Américains, *step by step*. Mon objectif premier est fort ambitieux mais il est fragmenté en de multiples objectifs secondaires ridiculement modestes. Je me contente de progresser centimètre par centimètre. Ma force vient de là. Mes rêves sont réalisables et, donc, se réalisent. La preuve, je suis parvenu à me dépasser au point que mon niveau s'est encore amélioré.

De nouveau, je veux convaincre la terre entière que je ne suis pas fini, mort, enterré. Je veux que les jaloux, les envieux, tous sachent que je ressuscite immanquablement.

Me voilà au pied de Chamallow. Un défi à la mesure de ma démesure. Une voie redoutable combinant la force extrême à l'extrême aléatoire. Jusque-là, je ne l'ai gravie qu'encordé. Et, encordé, il m'est souvent arrivé de chuter.

Mes proches ne me soutiennent plus vraiment.

– Pourquoi choisir cette voie ? s'énerve un ami. L'enchaînement des « Abo » suffit largement !

Je ne cherche pas à me justifier. C'est une affaire de conscience personnelle. Il n'y a que moi à être capable de me juger. Je me suis vu souffrir, endurer, récupérer ce qui était, de l'avis de tous, irrécupérable. J'ai développé en quelques années le besoin de me transcender. Sans cela, la vie perd tout son sens. Et puis, je ne suis pas né pour croupir sur le plancher des vaches, encore moins pour toucher une pension d'invalidité que, pour la énième fois, on me propose.

– Tu es fou ! me répète-t-on.

Mon mental ne souffre pourtant d'aucun trouble. Tant pis s'il met la raison de mes comparses en échec. Je m'engage dans une voie, mû par la conviction inébranlable que je parviendrai à son sommet. Et cela malgré tous mes handicaps. Car je mobilise avec une volonté féroce le peu qui fonctionne.

Les journalistes ne s'intéressent plus seulement à mes performances. Ils veulent comprendre l'homme. La télévision italienne a réalisé un documentaire dans ce sens. Et il va me porter chance.

Sector fabrique des montres dotées d'une technologie de pointe : chrono, alarme, compte à rebours, lunette tournante... Des gadgets adorés des sportifs. Cette marque italienne très implantée aux États-Unis a d'ailleurs confié aux plus audacieux le soin de vanter ses produits. C'est un échange de bons procédés puisque, en retour, les athlètes touchent un salaire substantiel et peuvent ainsi abandonner les jobs sans grand intérêt qu'ils étaient jusque-là bien obligés d'accepter pour survivre.

Une Team Sector s'est donc constituée, regroupant les champions du sport mondial : Gérard d'Aboville, le navigateur qui a traversé l'océan Pacifique à la rame et qui vient de publier un roman retraçant son voyage en solitaire, Umberto Pelizzari, l'apnéiste qui, grâce à une technique de préparation inspirée du yoga et de la sophrologie, a pulvérisé de très nombreux records mondiaux, Chantal Mauduit, l'alpiniste qui a décidé de s'attaquer aux quatorze sommets de plus de 8 000 mètres, sans oxygène, enfin Patrick de Gayardon, un Français qui fait beaucoup parler de lui et dont le directeur de la boîte m'a collé la photo sous le nez. Il a débuté dans le parachutisme sportif avant de s'orienter vers la chute libre puis la chute *freestyle*, une variante de la première à laquelle s'ajoutent des figures. Il pratique enfin le *base jump*, qui consiste à sauter depuis des points fixes tels que des ponts, des immeubles ou des falaises. Il vient même de conquérir le record du monde de saut de haute altitude sans appareil respiratoire.

– Et grâce à qui ? clame mon interlocuteur.

Je n'ouvre pas la bouche.

– Grâce à nous ! fanfaronne-t-il. À nous !

Je ne réponds toujours rien. Mais il reprend son souffle et repart :

– Il nous faut des types comme vous ! me dit-il. Des types qui repoussent constamment leurs propres limites pour se surpasser et remporter une victoire sur eux-mêmes.

Apparemment, le directeur me ressert les slogans que lui ont mitonnés ses publicitaires. Je le laisse parler. Je ne vois pas ce qu'il peut me proposer de radicalement nouveau, propre à m'électriser. Je gravirais bien quelques falaises lointaines ; je retournerais par exemple volontiers à Yosemite où j'ai fait un passage éclair, le temps d'être filmé par mon petit frère, qui se lance dans le reportage sportif ; je pourrais en profiter pour visiter les États-Unis, que j'ai uniquement survolés. Ça plus un bon salaire pour me donner du temps, je n'en demande pas davantage. Gayardon a besoin de gros moyens et de matériel sophistiqué, moi non.

– L'Amérique, ça vous dit ?

A-t-il deviné mes pensées ?

– Écoutez, me dit-il en se penchant vers moi, nous voulons vous proposer quelque chose de sensationnel. Vraiment sensationnel. Une performance à laquelle vous n'auriez même pas rêvé.

Rien de tel pour me rendre méfiant. J'ai bien envie de tempérer ses ardeurs.

– Je crois avoir déjà quelques exploits à mon actif.

Me sent-il vexé ? Il s'empresse d'ajouter :

– Justement ! C'est parce que vous avez fait des choses incroyables que nous voulons vous proposer l'impossible !

Ce bonhomme a de la suite dans les idées. Ma curiosité est piquée :

– L'impossible ?

Il ressemble à un gamin espiègle, content de sa dernière farce :

– Grimper un gratte-ciel !

Chicago est une ville-champignon qui a d'abord grandi grâce à l'afflux d'immigrés et dont le passé est chargé d'histoire. Un effroyable incendie ayant ravagé une grande partie de ses habitations construites en bois à la fin du XIXe siècle, elle a misé sur l'acier pour renaître de ses cendres. La seconde révolution industrielle a sonné et Chicago veut afficher aux yeux du monde sa modernité. Dans les années qui suivent, la ville connaît la croissance démographique la plus rapide des États-Unis. Tout cela s'accompagne de paupérisation, discriminations et tensions sociales. Chicago devient le théâtre d'émeutes raciales d'une rare violence. On a tous en mémoire des guerres de gang magistralement mises en scène dans des films en noir et blanc.

Pour moi, cette ville n'existe pas. Elle relève d'un pur fantasme. Deux semaines après mon entretien avec le directeur de Sector, je lève pourtant la tête pour admirer ses sublimes gratte-ciel et inscrire mes pas dans ceux d'Al Capone et tous ses seconds couteaux.

Si j'ai dit oui à Sector, j'ai pensé non dans mon for intérieur. Je n'ai pas voulu refuser un voyage pareil mais ce projet ne me convainc pas. J'ai passé quelques heures à la bibliothèque de mon quartier pour examiner à la loupe les photos des buildings américains. Ils sont parfaitement lisses. Pas la moindre aspérité pour glisser la première phalange.

Avant Chicago, nous avons fait une halte à New York. Je suis resté bouche bée devant la débauche de lumières et de bruits, devant ces interminables avenues rectilignes et ces tours immenses. Guidé par un spécialiste, je me suis dévissé les cervicales à regarder chaque sommet. Des spécialistes, chargés d'obtenir les autorisations pour mes ascensions, m'accompagnent. Je n'ai pas senti l'affaire.

Aussi nous nous sommes envolés pour Chicago où je découvre, médusé, la plus haute tour des États-Unis : la Sears Tower. 443 mètres ! Les gars de Sector osent :

– C'est grimpable ?

Je commence à me demander ce que je fais là. Cela devient même un peu grotesque. Tous ces cols blancs qui guettent chacune de mes réactions, dans l'attente fébrile d'un consentement, m'agacent.

Pourtant, au fur et à mesure de mes déambulations, le charme de la ville opère de plus en plus sur moi. Je vois une similitude entre les buildings et les falaises. Je les distingue mieux les uns des autres et, ce faisant, j'en discerne qui présentent des voies possibles. Je repère celui de City Corp et sa fissure dans laquelle je pourrais coincer mes pieds et glisser mes mains en opposition.

L'idéal serait que je tente cette technique sur quelques mètres mais, sans autorisation, c'est impossible. Une demande a été néanmoins adressée aux autorités. Je repars donc en France assez frustré car, en quelques jours, je me suis totalement familiarisé à l'idée d'une ascension.

Certes, elle me terrifie mais, porté par un plaisir trouble, je renoue avec cette sensation que j'éprouve de moins en moins en falaise.

C'est la peur qui excite mon désir.

Nous vivons à cette époque dans l'aile d'un château que le propriétaire, un charmant excentrique, nous a cédée gracieusement. Le retour à la vie calme est presque brutal.

Certains s'étonnent quand je leur dis tout le bien que je pense des mégapoles américaines.

– Tu aimes la ville, maintenant ?

Je me défends :

– Il n'y a que les imbéciles qui ne changent pas d'avis.

Je suis un peu comme un homme qui tombe amoureux sans le vouloir. J'ai emporté un morceau de Chicago avec moi. Il s'appelle City Corp.

Je retourne aux falaises en m'imaginant que je grimpe un immeuble. Je tente les voies que pourrait offrir une façade nue et fonctionnelle, identique à celles que j'ai soigneusement observées.

Je ressens une immense déception lorsque j'apprends au téléphone que les autorisations ont été refusées et qu'il n'y a aucun recours possible.

17

Un océan nous sépare mais la voix est claire :

– Vous accepteriez de grimper sans autorisation ?

– Je risque quoi ?

– Avec nos meilleurs avocats, six mois de prison.

Depuis plusieurs semaines, je ne pense plus qu'à City Corp. Et je suis plutôt du genre obsessionnel. Peu importe le prix à payer du moment que j'atteins mon objectif. Certes, je suis père de famille et Nicole attend même un troisième enfant. Mais peut-on lutter contre sa nature ?

Cette question ne se pose pas pour ma femme. Je suis un irréductible et c'est ainsi qu'elle m'aime. Je n'ai jamais triché, essayé de paraître ce que je n'étais pas. Nous vivons à l'écart de tout, dans cette aile de château délabrée, au milieu de nulle part. En allant aux États-Unis dans ces conditions, je change radicalement de décor sans me trahir. Au fond, l'illégalité correspond mieux à mon anticonformisme. Je trouve plutôt amusant d'entrer dans le système par cette voie-là, même si je sais pertinemment que cela sera récupéré et qu'on communiquera autour de ma performance.

Dix minutes plus tard, le type de Sector me rappelle pour connaître ma réponse. Elle se résume à deux mots :

– J'accepte.

Chicago. 17 juillet 1994. À l'autre bout de l'Amérique, le Brésil s'apprête à remporter la Coupe du monde de football contre l'Italie. Moi, j'ai décidé de courir non pas après un ballon mais après un sommet. Celui de City Corp. La veille au soir, l'équipe du film a demandé à être logée dans un autre hôtel que le mien. Au cas où l'histoire tournerait mal.

– Désolé, m'a dit le responsable de la Team Sector, un peu gêné, vous savez, les techniciens se contentent juste de faire leur boulot, ils ne veulent pas être arrêtés pour complicité.

Leur présence ne me manque pas. Et puis, je ne suis pas tout seul : Alexis, mon ami photographe, fait partie du voyage. Je dois grimper le matin. Mais l'équipe me fausse de nouveau compagnie.

Cette fois, le type de Sector prend leur défense :

– Toutes les routes sont barrées par la police à cause d'un semi-marathon organisé dans le secteur.

La pression monte. D'autant que j'écoute en boucle la chanson de Pat Benatar : *Anxiety, get nervous, get nervous!* un rythme effréné, une voix rauque, du rock énergique et sexy. J'ai l'impression de vivre mes dernières heures.

En début d'après-midi, on m'annonce enfin que l'accès est libre. Alexis file aussitôt à l'héliport puisqu'il doit faire des vues depuis un hélicoptère. Mais un nouveau contretemps retarde notre départ : il pleut. J'écoute toujours Pat Benabar, *Anxiety, get nervous, get nervous !* en regardant l'eau ruisseler sur les vitres de l'hôtel. Entre deux refrains, j'appelle Nicole mais elle est trop loin pour pouvoir vraiment me réconforter. Je suis à cran.

La météo finit par s'améliorer. Je reçois les instructions par téléphone :

– Un taxi vous attend. Votre ascension démarre à 17 heures. N'oubliez pas de brancher le turbo pour les soixante premiers mètres.

– Je sais.

J'ai suffisamment entendu le réalisateur me répéter :

– Les échelles des pompiers ne montent qu'à 60 mètres de hauteur. Au-delà, vous serez tranquille.

Pas un instant il n'a songé que cela pouvait constituer aussi une mauvaise nouvelle...

L'attente a été longue et je déborde d'adrénaline. Pendant le trajet, je n'arrive pas à me détendre, j'imagine le pire : la chute ou les bavures des flics. Dans une ville de gangsters, ils ont forcément la gâchette facile. Je vois déjà les gros titres des journaux et ma célébrité posthume.

Mais je ne suis pas à mon premier rendez-vous avec la mort, même si celui-ci se corse d'une éventuelle sanction pénale en cas de survie. À peine suis-je sorti du taxi que je détale et me lance à l'assaut du building. Malgré l'interpellation des vigiles qui m'ont immédiatement repéré et qui se mettent à vociférer en choeur. Je ne comprends pas un traître mot de leurs ordres, de leurs menaces. Pour moi, une seule chose compte : escalader cette tour. Et, pour cela, il faut faire vite. Un attroupement s'est déjà formé à la base du bâtiment. Les pompiers sont en effet arrivés et commencent à déplier leur échelle. J'entends les cris de la foule, et parmi ces cris je distingue les encouragements. Surtout lorsque je franchis le seuil des 60 mètres. Car tout le monde a bien compris que je devais échapper aux pompiers pour réaliser mon ascension.

Tous ces soutiens me stimulent et, surtout, me procurent un sentiment d'euphorie tel que j'en ai rarement éprouvé. Je me revois, vingt ans plus tôt, escaladant fièrement la façade de l'immeuble. Les voisins, la concierge, Laurent et Olivier qui avaient même entendu parler de moi, à la suite de ça. Cette aventure avait changé ma vie.

Mais Chicago n'est pas Valence. Encore moins à cette altitude où tout prend une dimension souveraine. À mesure que je grimpe, je découvre une métropole énorme, magnifique, une jungle d'acier d'où jaillissent des gratte-ciel dans lesquels se reflète le ciel, créant de sublimes camaïeux. À présent que je domine la ville, elle me paraît très différente de celle que, petit Français débarqué tout juste de sa province natale, j'ai d'abord vue, la tête en l'air. Chicago est à mes pieds.

Des hélicoptères, dont, sûrement, celui d'Alexis, tourbillonnent maintenant à proximité du building. Je me doute qu'ils sont là pour moi. Le vacarme des moteurs est infernal. Moi qui ai le plus souvent grimpé loin de tous, dans le silence assourdissant des montagnes...

Le bruit, la peur non seulement de tomber mais d'être « attrapé » comme un voleur décuplent étrangement mon plaisir physique. Je n'avais pas prévu toutes ces sensations nouvelles.

Une surface vitrée n'a rien à voir non plus avec une paroi rocheuse, aussi raide soit-elle. Avec la Nuit du lézard ou Polpot, j'ai pourtant été à bonne école. Mais là, il faut négocier les mouvements avec une précision millimétrique et, surtout, se retenir de glisser. Je m'épuise assez vite, et la réverbération du soleil de juillet sur tous les miroirs environnants n'arrange rien. J'ai terriblement soif et je sens que mes forces me lâchent à quelques mètres du sommet.

Je n'en suis plus loin. Des têtes apparaissent au faîte du building. Sans doute les flics, les pompiers et les gars de la sécurité, qui me réservent un accueil mitigé. Certains visages expriment l'admiration, d'autres la fureur. En tout cas, ils m'attendent tous à mon dernier tournant. Je ne me suis pas redressé qu'on m'a déjà ferré avec une paire de pinces qui se referment méchamment sur les poignets.

C'est une première qui deviendra vite une habitude. Pour l'instant, je joue encore l'ingénu :

– Je suis grimpeur professionnel et, comme j'ai pas trouvé de montagne à Chicago, je me suis dit que ce building ferait l'affaire.

Ma plaisanterie, dite dans un anglais approximatif, ne semble pas les amuser. Une dizaine de minutes plus tard, menotté et encadré de deux molosses, je sors de City Corp, sous les applaudissements des badauds.

Ça non plus, je ne connaissais pas.

Mon passage en prison donne du piquant à mon exploit. Malgré la Coupe du monde de foot, j'ai réussi à occuper quelques lignes dans la presse. Sector se frotte les mains.

– Vous recommenceriez ? me demande le directeur.

La prestation m'a plu. Parce qu'elle m'a ouvert les yeux sur un monde dont, à force de vivre comme un sauvage, je m'étais banni moi-même. J'ai vu la ville sens dessus dessous. Ce premier séjour dans les geôles américaines me permet en un temps record de tâter l'envers du beau décor que je contemplais sur ma cime. Je perçois tout l'intérêt que procure cette activité inédite. Alors oui, je recommencerais bien.

Sur le plan technique, je constate vite qu'aucune ascension urbaine ne ressemble à une autre et cela me rassure. Je ne suis pas devenu grimpeur pour jouer la bête de foire. Ni pour faire un numéro toujours identique.

– Et un pont ? Ça vous dirait ?

Le pont de Brooklyn m'a paru si facile que je récidive deux ans plus tard avec le Golden Gate à San Francisco. Sans doute le pont suspendu le plus connu du monde. Le printemps s'éveille mais la journée s'achève. Indifférent aux flux des voitures, si dense à cette heure, je me prépare sereinement. L'époque de *Anxiety, get nervous ! get nervous !* est révolue. Pour évacuer la tension, je me concentre sur ces gestes rituels que j'exécute avant chaque ascension : je nettoie soigneusement mes chaussons pour que la gomme soit la plus adhérente possible. Puis, après avoir plongé ma main dans le « sac à pof » pour l'imprégner de magnésie, j'enlève mon blouson et m'apprête à décoller. 227 mètres de câble dont le diamètre de 10 centimètres me posera forcément des difficultés. Impossible de l'agripper comme pour monter à la corde. Je devrais le serrer et, ce faisant, dépenser une énergie folle. Le photographe qui a évalué la montée à une quinzaine de minutes est loin de comprendre. La nuit est presque tombée lorsque j'arrive au sommet. En bas, en haut, tout le monde m'attend. La police a carrément bloqué trois voies d'autoroute et, dans le ciel, les hélicoptères font du sur place au-dessus du pont. Entre le bal des sirènes et le ronronnement des pales auquel se mêle le sifflement du vent, l'ambiance est sinistre. Que les autorités déplacent tout ce monde pour moi ne me surprend plus guère. Mais j'ai comme le sentiment de les exaspérer un peu.

Cela se confirme quelques heures plus tard au commissariat de police. Une fois encore, mon humour passe mal. Lorsque la femme flic qui m'interroge me rappelle sèchement que j'ai commis une effraction sur *son* territoire, je lui lance :

– *The only native Americans are Indians !*

En quelques mois, j'ai au moins appris à maîtriser l'anglais. Cela me permet aussi de tailler la bavette avec des hommes ordinaires qui, eux, ont du mal à me considérer comme étant des leurs. Même si nous fréquentons la même cour du même pénitencier.

Mes séjours en prison sont plus ou moins longs. J'en ai pris mon parti. Je ne veux pas perdre mon temps à me morfondre. Je peux désormais me défendre dans la langue de mon hôte, mais je suis incapable de changer ses lois. Les Américains n'aiment pas trop les trublions dans mon genre. Leurs tours sont des cathédrales et je les profane. Je ne cherche plus à les convaincre du contraire : ne me conduisent-elles pas à me dépasser bien plus que toutes les églises de notre vieil Occident ? J'attends sagement le verdict final en m'entraînant tous les jours avec la même régularité qu'en liberté.

À chaque promenade, j'accomplis une série de pompes : une centaine d'affilée qui me permettent de survivre au royaume des Blacks taillés comme des armoires à glace. Ils ne savent pas toujours m'identifier. Mes cheveux longs, mon visage émacié avec mon nez cassé, mes mains recouvertes de croûtes que m'ont laissées en souvenir les câbles du Golden Gate, qui suis-je ? Un bagarreur des rues ? Un vendeur de crack ? Ma musculature me rend en tout cas respectable. On m'appelle « Little Schwarzy ».

Je suis bien obligé de faire le mariole pour les distraire. Je suis capable aussi d'exécuter une série, voire deux, de quarante pompes, cette fois sur un seul bras.

– Parce que tu veux refaire le même coup ? me demande Chico le Mexicain, avec qui je partage une cellule et qui est au courant de mes frasques.

Nous n'avons rien d'autre en commun. Lui et sa copine ont raté leur voyage aux États-Unis dont ils rêvaient depuis l'enfance. Ils ont brûlé toutes leurs économies pour s'offrir les services d'un passeur. Peine perdue. Ils ne feront pas fortune au pays de l'Oncle Sam.

– Mais c'est pas grave, je reviendrai, me dit-il.

– Tu vois, toi aussi, tu t'obstines.

18

J'ai passé l'âge d'être un fan, je ne veux plus être Zorro. Je m'assume tel que je suis. De mes défauts, j'ai fait mon originalité et je suis devenu à mon tour un personnage. Je suis resté petit, fluet malgré mes pectoraux mais je crois avoir une certaine dégaine. J'avoue la cultiver un peu comme ces rock stars qui ont compris l'intérêt de soigner leur image si elles voulaient que les médias s'intéressent à elles. Maintenant que je suis dans la lumière, je veille donc à mon look. Je perds malheureusement de plus en plus de cheveux mais c'est un fait contre lequel je ne peux rien : les remèdes miracles n'existent pas.

En revanche, je veux apparaître tel que je suis. Et, pour tout dire, je souffre de devoir porter ces horribles collants et ce T-shirt *No limit* que m'inflige mon sponsor et qui me ressemblent si peu. Aux tenues moulantes de cycliste, je préfère celles de Crocodile Dundee, l'homme du bush australien qui débarque à New York sans pour autant changer ses manières, en l'occurrence rustiques, un type dans lequel je m'identifie assez bien. En plein Times Square, j'éprouve moi aussi un certain décalage et j'ai envie de m'en amuser. C'est dans cette ville que j'achève ma mue, face à la vitrine d'un magasin étonnant, comme on en trouve seulement là-bas et où l'on vend des vêtements en peau de serpent.

J'ai signé avec la Team Sector un contrat qui m'oblige à réaliser un certain nombre d'ascensions. J'en ai bien profité. Grâce à eux, j'ai même pu grimper les falaises de l'Utah dont je rêvais depuis si longtemps.

Les paysages rudes, presque lunaires, sont d'une beauté à couper le souffle. C'est aussi le royaume du soleil et, en plein été, la chaleur est suffocante. La pierre a beau brûler les mains comme de la fonte, je n'ai pas résisté à l'appel des cimes : j'ai gravi en solo libre une superbe verticale. L'itinéraire est abrupt mais les petites irrégularités de la roche m'ont permis de trouver facilement mon chemin. Bien sûr, il n'y avait ni filet, ni corde et, dans ce désert sauvage, on ne croise plus guère de cow-boys ou d'Indiens pour vous porter secours. L'équipe du film s'est affolée.

Ces gars-là auraient surtout préféré s'asseoir devant une bonne bière glacée qu'ils auraient pu déguster dans un bar sympa, avec de la bonne musique. Il faut de tout pour faire un monde. Mais un monde aussi nous sépare.

J'ai donc une fois de plus bouclé mes valises et je suis revenu à New York que j'arpente, vêtu de la tête aux pieds comme un Apache, en quête d'un nouveau sommet. Après avoir grimpé des montagnes de calcaire ou de verre, je veux m'accorder le plaisir d'en gravir une dans l'équipement qui sera dorénavant le mien. J'ai en effet dévalisé la boutique de fringues en peau de serpent et j'ai complété avec mes accessoires fétiches. Bandanas retenant mes cheveux longs, grigris amérindiens, gilet ouvert et sans manches, des signes extérieurs qui révèlent mieux mon état d'esprit que la panoplie de la Team Sector. Le responsable de la communication est visiblement agacé :

– Vous n'allez tout de même pas escalader habillé comme ça ?!

– Et pourquoi non ? J'ai rempli mon contrat avec vous. Je travaille désormais pour moi. Juste pour le fun.

Les hommes d'affaires comprennent mal ce genre de motivation. Mais ils savent où se trouve leur intérêt. Je serai naturellement filmé, en dépit de mon entorse à leur règle.

Il n'y aura cependant plus personne lorsque je serai cueilli à mon arrivée par les flics de New York. L'avocat dont on m'avait jusque-là offert les services figurera subitement aux abonnés absents et j'en serai encore pour un séjour prolongé dans une geôle américaine.

Écœuré, je dis adieu à Sector.

Polpot n'a rien à voir avec la Luxor Pyramid de Las Vegas, ni le Calico Building de New York, encore moins les tours de la Défense, telles qu'Elf Aquitaine, Franklin, Gan auxquelles j'ai fini par rendre visite, ou encore celles, à quelques encâblures de là, connues sous le nom de tours TF1, de Mercuriales – eh oui ! *veni, vidi, vici*, je les ai enfin eues ! –, tours Cristal et Montparnasse. Polpot ne se compare en rien à tous les buildings que j'ai pu escalader en Amérique, Sud et Nord compris, ou en Europe et pas seulement en France. Car, après m'être frotté à la FIESP de São Paulo et à l'hôtel Vermont de Rio de Janeiro, j'ai parcouru aussi quelques blocs de béton tels que l'hôtel Arts de Barcelone, la Banca di Milano à Milan et son homologue allemande, la Dresdner de Francfort, pour finir sur le Canary Wharf Building en passant par notre Bibliothèque nationale flambant neuve. Et tout ça en moins de deux ans !

Suis-je déjà lassé par mes escalades urbaines ? De retour à Valence, je grimpe la tour de l'Europe tout en scrutant l'horizon dentelé. Vaste perspective qui me titille encore et me donne envie d'affronter une des voies les plus monstrueuses de notre patrimoine minéral.

C'est une première. On ne tente pas en solo intégral cette dalle parfaitement verticale, brève mais non moins dangereuse puisqu'elle se conclut par un passage clé légèrement déversant, donc forcément très aléatoire dans ce degré de difficulté. J'ai cependant mûrement réfléchi à mon projet et je me sens capable de relever le défi. Je n'ai pas hésité à prévenir TF1 qui a envoyé une équipe pour réaliser un reportage destiné au 20 heures de Claire Chazal.

La particularité de cette falaise qu'on nomme donc par un doux euphémisme Polpot tient au fait qu'elle démarre sur une plate-forme plutôt étroite – sa largeur ne dépasse pas les 50 centimètres – et que cette plate-forme se situe elle-même à plus de 200 mètres du sol. Pour l'atteindre, je compte descendre en rappel et lâcher la corde avant de remonter.

Ai-je été trop présomptueux? Je dois plutôt mon échec au retard du cameraman et aux très mauvaises conditions météorologiques. Avant une telle performance, la tension est à son maximum. Si l'on ajoute des problèmes de logistique, cela devient ingérable. Bref, ce jour-là, j'ai perdu confiance et, avant même d'avoir atteint le «crux» (le passage clé), j'ai demandé de l'aide pour qu'on me balance une corde. L'équipe de télé est tout de même repartie avec de belles images, qui seront diffusées dans un prochain JT. Mais moi, ça ne me console pas.

Bille en tête, je récidive donc deux jours plus tard, juste accompagné de ma petite famille et d'un seul photographe. De nouveau, je descends le long de la paroi en rappel pour atterrir sur la plate-forme d'où part la voie. Après avoir lâché la corde et le baudrier, je me conditionne mentalement en visionnant la gestuelle et le parcours, que je connais sur le bout des doigts.

Puis, je récite ma prière: *J'ai confiance en moi et je réussis tout ce que j'entreprends.*

Je parviens à franchir le passage clé grâce à un mouvement ample et croisé. Ce n'est pas pour autant terminé. Je sais ce qui m'attend ensuite. Une fois la section dure entamée, on n'a plus le choix de revenir en arrière pour s'en sortir. Ça passe ou ça casse. Mais n'ai-je pas toujours été chanceux ? Trop, peut-être...

J'ai beau pousser sur un pied tendu à l'extrême, il me manque juste quelques centimètres pour permettre à ma main de saisir la prise. Soudain, je n'y crois plus. J'ai comme le pressentiment d'avoir franchi la limite. Je regrette juste que les enfants soient là. Lucas, mon petit dernier, n'a pas 2 ans. Ni le photographe, ni ma femme, ni mes gosses ne se doutent que je vis sous leurs yeux les secondes les plus décisives de mon existence. À force de narguer la mort, il fallait bien que ça m'arrive !

C'est quasiment à mon seuil de rupture que mes doigts se referment sur la prise. Ce jour-là, je pousse un cri de joie.

Rien ne va pourtant bien à cette époque. Gravir Polpot en solo intégral constitue un exploit mais il me laisse sur ma faim. Depuis que j'ai goûté aux parois de verre, j'ai la tête et le cœur très loin d'ici. Je ressens presque une culpabilité, en les préférant à mon amour de jeunesse. Certes, le Vercors est magnifique, mais contempler une ville en haut d'un gratte-ciel, au-dessus du tumulte dont on entend vaguement les rumeurs, c'est juste sublime. Ce qui était une opportunité est devenu une nécessité, presque une addiction qui va bientôt gouverner toute mon existence.

Comme à mon habitude, je consulte des tas de bouquins, cette fois sur l'architecture, mais je découvre bientôt les ressources qu'offre aussi internet et je navigue beaucoup sur la toile à la recherche d'inspiration. Les gratte-ciel deviennent ma marotte. Je commence à distinguer les constructions, les structures, les revêtements, les matériaux. Aucune façade n'est semblable à une autre. Mais chacune a son charme...

À la maison, je continue de m'entraîner comme un athlète à la veille des Jeux olympiques, sans autre concurrent que moi-même, toujours animé d'un même objectif, celui de me dépasser. Rien de neuf, excepté que je me suis fixé un nouveau but: conquérir les plus hautes tours du monde. À l'instar des alpinistes tel Christophe Profit, qui a enchaîné, dix ans plus tôt, les faces nord des Grandes Jorasses, de l'Eiger et du Cervin, j'ai fait moi aussi mes trilogies en Europe et aux États-Unis. Je tenterais bien l'Asie, qui connaît un essor fulgurant et construit des gratte-ciel à tour de bras. Hélas, je ne vois pas comment.

Je traverse une crise économique sans précédent. J'ai en effet perdu mon job de vendeur dans le magasin de sport. Mes fréquentes absences liées à ma nouvelle activité ont fini par lasser mon patron qui m'a carrément viré. Je ne touche pas d'indemnités parce que je suis trop souvent absent pour pointer régulièrement au chômage. J'ai manqué aussi de discernement. J'ai tendance à conduire ma voiture comme ma vie, le pied à fond sur le champignon. À prendre ma Ford Fiesta pour une formule 1 sur nos petites routes tortueuses et verglacées l'hiver, je suis souvent parti dans le décor. Éric, mon frère garagiste, me la retape sans que j'aie besoin de passer à la caisse : l'assurance tous risques prend tout en charge. Je n'ai malheureusement pas calculé que ces accidents répétés dus à une conduite un tantinet légère allaient sacrément alourdir le coût de ma prime d'assurance. La Matmut refusant de renouveler le contrat, je contacte des assureurs mais tous me proposent des tarifs hallucinants. Et pour cause : je cumule 272 % de malus.

Plus de salaire, plus de voiture. Terminé, les escapades !

– T'aurais mieux fait d'accepter ta pension d'invalidité, me dit-on parfois.

Je ne regrette pas mes choix mais c'est dur, très dur. Le salaire de Nicole ne suffira pas à nous faire vivre tous les cinq et me permettra encore moins de réaliser mes rêves. Je perds tout d'un coup espoir. Les petits sponsors habituels qui me filent des fournitures et un modique salaire ne m'offriront jamais les voyages que j'ai imaginés.

Le jour où j'éclate un pneu sur l'autoroute et que, pour payer le dépanneur, je me rends à un distributeur automatique qui avale ma carte bleue, par manque de crédit, je crois toucher le fond.

Pour autant, je trouve toujours en moi le ressort nécessaire pour lutter contre les affres du quotidien. Parce que je ne regarde jamais en bas, parce que je vise haut.

Au plafond de ma chambre, j'ai fixé des prises et je le parcours sur toute sa longueur. Exercice redoutable qui n'épate plus personne. À 2 ans et demi, mon petit dernier est déjà capable de grimper le mur de la cuisine en s'agrippant au tuyau qui alimente le radiateur. Je le crois d'ailleurs plus doué que moi, qui suis surtout un besogneux, mais je n'en tire aucune conclusion. Malgré des dispositions certaines, il n'aura peut-être pas envie de jouer à la roulette russe avec sa vie comme le fait son père.

Si Nicole et les enfants ne m'ont jamais reproché mes choix, je les sens angoissés face à la tournure que semble prendre ma carrière. Peu à peu, et sans même se concerter réellement, ils prendront d'ailleurs la sage décision de ne plus assister à mes ascensions urbaines. Mais, pour l'instant, Lucas m'imite et voudrait me suivre sur les verticales.

À l'inverse de moi : je me suis construit dans une opposition totale à mon père et j'ai tout fait pour ne pas lui ressembler. Entre nous deux, c'est resté difficile. J'ai vieilli, fondé à mon tour une famille. Ai-je peur de cet âge, de ce monde adulte ? Parfois, je suis pris d'un frisson en croisant ma tête au-dessus du lavabo.

Comme si son visage se substituait au mien.

19

— La calvitie n'est pas une fatalité !

L'homme qui me regarde me sourit mais, sur ses lèvres, flotte en supplément un petit air de triomphe.

À cet instant, je donnerais beaucoup pour croire cet expert tellement sûr de lui. Sauf que mes comptes sont à sec, même si j'ai trouvé le moyen de monter à Paris, aiguillonné par un bout de papier sur lequel la coiffeuse à qui je confie mes misères m'a griffonné un nom, une adresse.

Gill Mennetrey, Norgil, 12, rue du Faubourg-Saint-Honoré.

Soi-disant le dernier endroit à la mode où se ruent toutes les stars du show-biz qui souffrent d'une alopécie galopante.

Ni mon père ni mon frère ne s'en plaignent. Moi, ça me chavire. Claudine semble pourtant avoir trouvé une solution à mon problème quasiment existentiel :

– Une collègue était en stage chez lui. Ce type-là fait des miracles !

J'apprécie beaucoup l'optimisme à tous crins de ma coiffeuse mais je ne suis ni naïf ni crédule.

– Prends au moins un rendez-vous... insiste-t-elle.

Voilà comment je me retrouve, à deux pas de l'Élysée, dans le somptueux bureau du magicien préféré du gratin des chauves. Le courant passe immédiatement entre Gill et moi. Peut-être parce qu'il me connaît de réputation, qu'il s'intéresse réellement à l'escalade, bref, qu'il pige parfaitement ce que je fais. Lui-même pratique avec sa femme le sport extrême. Fous tous deux d'ULM, ils battent des records du monde, l'un en vitesse, l'autre en altitude.

Gill possède donc l'instinct propre aux hommes qui fraient avec l'aléatoire et il ne nous a pas fallu longtemps pour nous situer : nous sommes de la même tribu.

Il sait aussi que ces passions coûtent cher. Aussi, il serait vain de lui expliquer en long et en large ma situation financière lamentable qui ruine mes perspectives d'avenir. La question capillaire a été réglée dès la première consultation. Il m'a prescrit un traitement et programmé une greffe, sans me laisser voix au chapitre :

– Il est bien sûr hors de question que tu paies quoi que ce soit.

Au second rendez-vous, il a dévoilé ses batteries :

– Tu pourrais faire ma pub aussi. Je te filerai les moyens de réaliser tes folies. S'il te faut du fric, ce n'est pas un problème. J'en ai.

Quand il apprend qu'il me manque avant tout une voiture, il ajoute :

– Et j'ai aussi un parc automobile. Je vais te filer une bagnole de fonction.

Je finirai un jour par lui demander :

– Pourquoi as-tu fait tout ça ?

– J'aime les fêlés. Ils laissent passer la lumière.

Ma rencontre avec Gill a été providentielle.

J'ai souvent transformé en chances mes déveines. Depuis mes divers accidents, qui m'ont rendu plus fort, jusqu'à cette perte de cheveux, qui m'a conduit à la bonne porte.

Avec Gill, ma carrière prend une nouvelle dimension. Je suis déjà allé à Hong Kong où j'ai grimpé quelques mois plus tôt l'ATV Asia, le Nec Building et le Far East Center, et sans passer par la case prison. Mon audace a fait mouche et m'a même valu un surnom, « le Bruce Lee de la grimpe ». J'ai tout de même promis à la juge de ne plus récidiver pendant un an. Le continent que j'ai découvert me fascine. Je jetterai donc mon dévolu sur un autre pays, mais cela sera toujours en Asie et en 1997.

Année pleine de promesse puisque je la débute avec panache. Je m'étais juré de gravir la tour Eiffel par la face ouest et d'atteindre le sommet à minuit pile. J'ai gagné mon pari. L'ascension relève des conditions de haute montagne : il fait – 10° et je dois enfiler des moufles sur mes gants en polaire. Je garde un trop mauvais souvenir de mes mains gelées alors que je grimpais la tour Montparnasse en janvier 1995 dans un vent glacial à plus de 100 km/h. Comparée à cette aventure mémorable qui m'a coûté une heure vingt d'efforts, l'escalade de la dame de fer s'apparente à une promenade et je maintiens ce que j'ai toujours pensé : la tour Eiffel n'est qu'une grosse échelle !

Après un détour par Sydney et plus particulièrement son Opéra, son Center Point et son Harbour Bridge que je grimpe allègrement et qui me valent un passage rituel derrière les barreaux, je file à Kuala Lumpur où m'attendent les plus hautes tours du monde : les Petronas Twin Towers qui atteignent les 451 mètres. Je les ai déjà caressées des yeux un nombre incalculable de fois. Toutes deux figurent dans un de ces fameux bouquins qui m'ont initié à l'architecture très spéciale des gratte-ciel. Sur place, elles sont bien plus impressionnantes. Au milieu de la zone urbaine encore à moitié en friche, elles paraissent jaillir de terre.

J'imagine qu'on n'escalade pas ces fleurons de la capitale malaisienne en toute impunité. Surtout dans un pays musulman où la justice est plutôt musclée. Mais, sachant que, comme à l'accoutumée, je n'obtiendrai sûrement pas d'autorisation, je ne me polarise plus sur ce genre de détails. Après tout, visiter les prisons est devenu une routine. D'ailleurs, les journalistes qui ont eu vent de ma venue ne me lâchent plus, traquant déjà le scoop. Échapperai-je aux griffes de la police ?

Non. Je suis capturé par des flics à travers une fenêtre ouverte située à 340 mètres du sol. Les agents, tous en treillis, sont encore moins sensibles à mon humour que leurs homologues américains. Mes deux photographes, le fidèle Alexis et un type du coin, Lim, sont emmenés *manu militari* avec moi au commissariat où l'on nous soumet au protocole habituel : déshabillage, photos, empreintes, etc.

Je ne comprends rien au flot d'injures qu'on déverse sur moi ni aux rapports qu'on me demande de signer séance tenante. Entre deux portes, Lim me glisse que je risque probablement un an de prison ferme. Je me doute que ce ne sera pas une partie de plaisir. Heureusement, elle ne dure qu'une brève parenthèse, néanmoins dense en sensations. Cinq petits jours qui ont tout d'un stage de survie. On me jette dans une cellule si exiguë que je peux à peine étendre mes jambes. La nourriture est servie sur une feuille de papier journal étalée à même un sol qui grouille de cafards. Vu l'état de mes poignets, je ne peux guère me servir des baguettes et je mange directement avec les trois doigts qui fonctionnent encore. Moi qui suis fan de cuisine asiatique...

Une semaine plus tard, je serai pourtant assis à la meilleure table du pays.

Je dois ma rapide libération à Datuk, un ministre des Transports estimé pour son sens aigu de la communication. Il est aussi connu pour être le conseiller préféré du Premier ministre. Mais il devient également mon ange gardien. L'homme a pressenti que la Malaisie pouvait tirer avantage d'une affaire dont les médias, télé et presse comprises, font grand bruit.

Tout s'enchaîne ensuite très vite. Le commandant du commissariat, qui m'avait traité comme le pire des criminels, se rend à mon hôtel, me suppliant d'accepter son invitation à dîner, invitation que je décline naturellement avec toute la morgue dont je suis capable. J'ai vraiment mieux à faire. En effet, le roi et la reine de Malaisie en personne m'ont convié à un festin, histoire sans doute de me faire oublier les mauvais traitements que j'ai subis dans leurs geôles infâmes.

Je profite de ces mondanités pour tisser de nouvelles et précieuses relations, lesquelles me permettent de poursuivre mon circuit touristique en Chine. Je grimpe le Melia Hotel de Kuala Lumpur, puis la Sabah Foundation, à Bornéo, où 15 000 spectateurs personnes ont fait le déplacement pour assister à mon ascension. Mon ami Datuk a soufflé au Premier ministre malaisien l'idée d'en faire le clou d'un show caritatif, et c'est un véritable succès qui suscite un afflux inattendu de dons.

Hélas, on ne m'affectionne pas forcément sur tout le continent. Ma bonne fortune vire au cauchemar lorsque je décide de grimper le Shinjuku Center Building de Tokyo où, après avoir été passé à tabac, je finis en détention.

Je reviendrai bientôt en Asie, pour gravir notamment l'OUB Center de Singapour, mais c'est après 2000 que je tâterai surtout du gratte-ciel sous ces latitudes. Pour la bonne raison que nulle part ailleurs leur construction ne connaît soudain une telle explosion.

En attendant, j'avale des parois de verre, de béton ou d'acier, et cela aux quatre coins de la planète car je suis devenu boulimique. J'ajoute l'Afrique à mon palmarès avec le Garden Court Holiday et la tour IBM, deux buildings de Johannesburg. Je retourne en Amérique du Sud pour visiter la tour Parque Central, à Caracas. Mais je traîne aussi pas mal en France où je collectionne quelques bâtisses, et non des moindres. À Paris, je rends honneur à l'hôtel Concorde Lafayette, la basilique du Sacré-Cœur, la Pyramide du Louvre, l'Arche de la Défense et, dans le même périmètre, les tours Elf Fina Total et Framatome, une terrible et longue fissure de 180 mètres qui n'autorise aucune pause. De retour au doux pays de mon enfance, j'escalade la tour de Crest, un élément phare du paysage drômois, mais aussi les mairies de Valence, de Pau et de Pézenas (ainsi que sa Maison consulaire) pour remplir de fierté le cœur de ma tendre mère qui s'est fait à mon orientation professionnelle, depuis que son magazine préféré *Point de vue* m'a consacré tout un article. Je m'éloigne ensuite, découvre d'autres pays à la fois proches et très différents du nôtre. Je gravis la Banque de Slovaquie (encourant une lourde peine pour tentative de braquage), puis le Marriott Hotel à Varsovie; je repasse deux fois en Allemagne pour me frotter à la Maison d'édition de Berlin et aux deux tours de la Deutsche Bank de Francfort. Décidément, j'aime bien les jumelles!

D'ailleurs, une idée germe dans ma tête... Je projette de m'attaquer un jour à celles du World Trade Center.

Mais l'heure n'est peut-être pas encore venue. Pour l'instant, je lorgne la Sears Tower à Chicago. Cinq ans que je lui tourne autour. Le temps nécessaire pour mener des repérages, avec maints allers-retours ponctués de quelques détours, en particulier sur une tour voisine de 443 mètres, la Willis Tower, ainsi que sur la Crown Plaza, à Montréal, et l'Independence Blue Cross, à Philadelphie. Un building ensorcelant, un miroir sombre, une fissure infime par laquelle je me hisse juste par la force de mon mental. Il m'obsède quelque temps sans pour autant éclipser l'immeuble le plus haut du continent américain et de l'hémisphère Ouest, que je convoite comme la plus belle fille du monde. Sans doute parce que la conquête en est d'abord illégale, ensuite difficile. Il faut donc mûrement réfléchir pour comprendre l'itinéraire. On n'improvise pas une ascension de 443 mètres.

J'ai bien démarré et je poursuis sur un rythme régulier. De temps en temps, je lève la tête pour regarder cette ligne pure qui conduit au ciel. Quelque chose retient cependant mon attention. Un obstacle ? Soudain, je comprends. Il s'agit d'une nacelle, la nacelle dont se servent les laveurs de vitres pour nettoyer la tour. Nous circulons forcément sur la même voie puisque j'utilise la fissure qui lui permet de se déplacer vers le haut ou vers le bas. À l'allure où elle fonce vers moi, et vu que je suis dans l'incapacité totale de descendre, il se prépare un sacré carambolage ! Je tente de rester calme.

J'ai confiance en moi et je réussis tout ce que j'entreprends.

Heureusement, je connais parfaitement la façade, que j'ai étudiée à la loupe. Je peux la traverser horizontalement à un étage technique situé tous les trente paliers. Si j'y parviens à temps, je suis sauvé. Ouf ! La chance est de mon côté : je change de versant. Mais je reste sur mes gardes.

Les sept hélicoptères qui tournent autour de moi comme des mouches me rendent un brin nerveux. Surtout lorsque je réalise que la nacelle transporte tout bonnement des agents de sécurité venus pour m'intercepter. Je ne dois pas céder à la pression. Je poursuis sur ma nouvelle fissure. Mais je n'avais pas prévu que les énormes systèmes de ventilation liés à l'air conditionné déposent une fine pellicule d'humidité sur la paroi. Mes pieds glissent alors que je suis à quelques mètres du sommet. Je l'atteins en me hissant à la force de mes poignets. Je ne savourerai pourtant pas là ma victoire. À peine ai-je le temps de lever les bras que je suis déjà menotté.

N'empêche. En une semaine, mon ascension passe plus de cinq cents fois sur les chaînes américaines et les images sont diffusées dans le monde entier. Je deviens subitement l'invité d'honneur des plus grands plateaux de télé outre-Atlantique. La France me réclame.

Le 31 décembre 1999, Christophe Dechavanne me donne le top départ pour gravir l'obélisque de la

Concorde. Cette escalade retransmise en direct sur TF1 revêt pour moi un caractère exceptionnel. J'ai imprimé au dos de mon T-Shirt quatre photos : l'abbé Pierre, le dalaï-lama, Geronimo et le Che.

Mon message de paix à l'aube du IIIe millénaire.

20

Une nouvelle ère s'ouvre, dans un climat néanmoins tendu. Les tours jumelles du World Trade Center, que je prévoyais de grimper la semaine de l'attentat, s'effondrent. Moi pareil. Et pour cause : on ne veut plus voir tomber âme qui vive d'un building. Chez l'Oncle Sam, je suis devenu brutalement *persona non grata*.

Je dois me tourner vers d'autres horizons plus prometteurs. Quitter ce maudit continent, non sans avoir d'abord accepté l'ascension du Parque Central de Caracas pour lancer le film *Spider-Man*, vêtu d'un ridicule costume qui me fait suer dans tous les sens du terme. 10 millions de spectateurs suivent la performance en direct.

Je suis toujours surpris par les effusions du public. Sans doute parce que j'ai longtemps grimpé des voies naturelles, loin du bruit des villes et dans une totale solitude. Je passe brutalement dans un autre monde, une autre dimension. Cela est peut-être encore plus flagrant en Asie, où je connais bientôt un engouement proche du délire.

Après avoir escaladé la tour Franklin de la Défense et le Canary Wharf Building à Londres, je me rends en Chine, plus exactement au Chilli Peak. C'est une drôle de falaise qui doit son nom et sa célébrité à sa forme en piment. Étroite à la base, elle s'évase au sommet, ce qui rend sa paroi franchement surplombante et théoriquement inaccessible. La province de Hunan compte sur moi pour faire mentir la légende. On a créé une route et un pont pour le transport du matériel. Et pour la retransmission en direct sur la première chaîne chinoise, on n'a pas hésité à employer les grands moyens, dont un char militaire relié à un satellite, deux montgolfières, et 700 agents de sécurité venus me protéger d'une foule hystérique.

Je crée également pas mal de remue-ménage à Abu Dhabi où se tient un colloque international auquel je participe. On aime désormais m'entendre parler de l'escalade et de la façon dont je vois la vie, la mort, etc. Je représente une énigme télégénique et je suis de plus en plus invité à réagir à toutes sortes de questions métaphysiques. Ça m'amuse et, à ce jeu-là, je me débrouille plutôt bien. Il est loin, le temps où je baragouinais en anglais (aux États-Unis, je suis même capable de me défendre tout seul comme un grand à la barre !). Toutefois les Émirats arabes unis m'ont invité d'abord pour grimper la National Bank, et cela devant

150000 spectateurs. Je ne pensais pas faire autant d'entrées que Mick Jagger.

Je réalise peu à peu que j'ai un certain pouvoir médiatique, et j'en profite. La guerre d'Irak a commencé quelques jours plus tôt. J'escalade de nouveau la tour Elf, sans doute ma préférée de toutes celles qui se dressent aux portes de Paris. Juste avec un dossard où se manifeste mon désaccord en lettres capitales: «NON À LA GUERRE».

Des ONG apprécient mon engagement. Quant à moi, je m'intéresse davantage aux problèmes de mon époque. L'escalade ne représente plus à mes yeux un but mais un moyen. Elle m'a permis de me dépasser mais aussi de prendre de la hauteur. Ne serait-ce qu'à travers mes voyages sur les cinq continents. Fatalement, ils aiguisent mon regard sur la société et me sensibilisent à des questions auxquelles je n'aurais jamais songé si j'étais resté dans ma Drôme natale.

Je ne traîne jamais longtemps en France. Un saut sur la tour Montparnasse, un autre sur le Saint-Georges de Toulouse et me voilà reparti en Chine pour une ascension, cette fois légale, de la plus haute tour du monde (eh oui! les records sont faits pour être battus et un gratte-ciel en chasse souvent un autre: la concurrence est dure chez ces géants), Taipei 101, qui aura lieu le jour de Noël, le 25 décembre 2004, afin de rendre l'événement encore plus exceptionnel. Une rumeur court selon laquelle le building serait frappé de malédiction, ce qui cause fatalement un préjudice au propriétaire. En parvenant à son sommet sain et sauf, je prouverai au monde entier qu'elle ne porte pas malheur. Le ciel ne semble pas vouloir me faciliter la tâche. Pluie abondante et vent de force 9. Le président de la tour est beaucoup plus stressé que moi. Il tient absolument à ce que je sois assuré. L'idée ne me plaît pas mais je suis bien obligé de céder à la pression. Cela étant, l'exercice relève encore d'un défi.

En effet, deux semaines plus tôt, une journaliste coréenne, accompagnée de son photographe, est venue en France afin de m'interviewer pour son magazine. À la fin de l'entretien, je passe à l'habituelle séance photos mais la reporter ne se contente pas d'un portrait classique. En tant que grimpeur mondialement connu, je dois au moins monter sur... un feu tricolore, pourquoi pas ? L'idée la séduit et je m'exécute. Je suis toujours tombé bêtement. Résultat de cette chute grotesque : un nerf cubital touché et quatorze points de suture au coude gauche. Mais je refuse de rater Taipei 101. Le lendemain de l'ascension, l'un des plus graves séismes de notre histoire se produit au large de Sumatra. Le monde entier découvre ce qu'est un tsunami. Mon exploit passe à la trappe. Tant pis ! Je ne grimpe pas pour faire la une des journaux. Je grimpe d'abord pour moi. Et cet accident m'a finalement permis de gagner un challenge personnel.

De quoi me rendre plus déterminé que jamais à revenir aux États-Unis et renouveler un exploit dans le fief de Georges Bush, à Houston, mais on n'apprécie guère mon caractère frondeur : je suis arrêté et menotté avant même d'avoir atteint le One Houston Center.

Tant pis. J'ai de quoi jouer à Paris, *intra* et *extramuros* : entre le Centre Georges Pompidou, la Bibliothèque nationale, la tour Cristal, les tours Mercuriales, la tour Total (anciennement Elf), la tour Ariane, la tour GDF Suez, la tour Direct 8, la tour First, des buildings sur la plupart desquels je m'entraîne régulièrement, le choix est vaste. *Idem* en Europe où je peux aussi me distraire avec le Lloyd's Building à Londres, la tour Vasco de Gama et le pont du 25-Avril, à Lisbonne, la tour Agbar, à Barcelone, la tour Debis, à Berlin, le Slovensky Rozhlas, à Bratislava, en Slovaquie.

Je passe cependant le plus clair de mon temps en Asie. Pour les besoins d'un documentaire sur Channel 4, qui m'a déjà suivi aux quatre coins du globe, je retourne en Chine et gravis Jin Mao, le plus haut-gratte ciel de Pudong. Arrivé au bout de ses 421 mètres, je préfère désescalader toute la face pour éviter les flics qui m'attendent sur le toit. Je n'échappe malheureusement pas à une semaine de prison et à une sentence sans appel : je suis interdit d'Empire céleste pendant cinq ans.

Six mois plus tard, les officiels de la ville de Zhianghsiaze me rappellent cependant pour une ascension sur un site naturel à Tianmen, patrimoine mondial de l'Unesco. Elle sera retransmise simultanément sur les chaînes chinoises. Cette fois, je suis reçu en grande, très grande pompe. Tapis rouge, ravissantes hôtesses, les bras chargés de fleurs, limousines noires escortées de motards. À l'hôtel, personnel au garde-à-vous pour m'accueillir, même cérémonial qu'à mon arrivée : jeunes filles, bouquets, pétales de roses lancés sur mon passage... Et gardes du corps *shaolin* postés devant la porte de ma chambre !

Le surlendemain, je gravis, sans corde et en direct, une paroi réputée impossible devant une horde de médias. Comme d'habitude, des tonnes de matériel ont été acheminées dans la montagne pour cette occasion.

Les moyens mis en œuvre m'impressionnent pourtant moins que la liesse populaire avec ces hommes, ces femmes, ces gosses qui me portent dans ces si délicates ascensions dont aucune ne ressemble jamais à une autre. Il y a toujours une part d'aléatoire dans chacune d'elle, un risque que je mesure parfaitement. Je peux avoir un nœud au ventre pendant un ou deux mois. Sans doute ai-je besoin de ça pour pimenter ce qui est devenu un métier. Je ne suis pas qu'un amuseur public.

Même si je multiplie les performances de façon si frénétique que j'ai à peine le temps de savourer pleinement les angoisses qui les précèdent. En revanche, je suis souvent bon pour ressasser mes exploits derrière les barreaux. Où que j'aille, je me frotte avec la police et les gardes à vue sont fréquentes. Même dans des pays qui se targuent de respecter les droits de l'homme.

En entrant dans la cité, j'ai pris parti pour des faits, des causes que je compte défendre à ma manière : en grimpant. Je gravis la tour Portland de Londres avec un T-shirt sur lequel est inscrit : the solutionissimple.org. Il s'agit d'un site internet concernant les économies d'énergie. Cette ascension, qui fait grand bruit, me vaut quelques démêlés avec la justice locale mais je ne suis plus à une arrestation près.

Finalement, je suis moins inquiété en Asie (excepté à Shanghai, lorsque j'escalade la tour Jin Mao). Je grimpe de nombreux buildings : le Four Seasons Hotel puis, deux fois en moins de quatre ans, le Cheung Kong Center, à Hong Kong, le Suntec Tower, à Singapour, le Jakarta, à Djakarta. Les tours jumelles Petronas, quant à elles, continuent de m'obséder. Ma seconde tentative échoue car on m'arrête, une fois encore, au soixantième étage. La troisième sera, comme on le sait, la bonne. Cette conquête se fait au prix fort puisque mes deux premiers essais m'ont valu plusieurs jours de prison. Mais je risquais une peine bien plus grave. En Malaisie, on peut être pendu pour quelques grammes de coke !

Les États-Unis ne sont pas forcément plus tendres à mon égard. Déterminé à échapper aux forces de l'ordre lors de mon ascension du NY Times Building à New York que j'offre à la campagne One Hundred Months, association qui milite contre le réchauffement planétaire, je suis cueilli sur le toit par la police qui me conduit dare-dare au poste, où tout le personnel me réclame des autographes. Je pose avec les uns et les autres pour immortaliser notre rencontre. Je ne les tiens pas forcément pour responsables de ces arrestations souvent musclées. Je suis capable de faire la part des choses et de rester malgré tout sympa et presque coopératif.

Entre l'Amérique et moi, les liens sont forts, et pas franchement rationnels. Je participe toujours aux plus fameux talk-shows du pays. En 2008, le célèbre magazine *GQ* me décerne même la seconde place du palmarès des dix hommes de l'année, juste derrière Barack Obama, fraîchement élu. Je suis d'ailleurs le seul qui ne soit pas de nationalité américaine !

Bref, outre-Atlantique, on apprécie paradoxalement mon esprit transgressif. Le psychologiste Franck Farley se passionne pour mon cas. Je représente un type d'homme qui ne court plus les rues et dont l'élan vital fascine.

Moi, ce sont les autres qui m'intriguent. Je me prête volontiers aux analyses des spécialistes mais je suis aussi désormais capable de comprendre un peu mieux ce qui m'anime.

Alors, je donne des conférences. En quelques années, je deviens un *speaker* très demandé, qui remplit les salles. Ces prestations me permettent de m'offrir quelques ascensions et d'aller ainsi à la rencontre d'hommes, de femmes, de pays qui valent largement ma mise, comme lors de mes voyages à Johannesburg où j'escalade des immeubles pour les enfants de Soweto.

Je m'implique de plus en plus dans des œuvres humanitaires ou caritatives. Notamment avec Education Without Borders, la conférence internationale qu'organisent tous les deux ans les Émirats arabes unis, afin de comprendre et trouver des solutions à certains des plus grands défis mondiaux, tels que le réchauffement climatique, le développement durable et les énergies renouvelables. À chaque fois, j'escalade une tour devant un parterre de 100000 à 150000 spectateurs.

Je bats à nouveau un record en gravissant le plus haut gratte-ciel au monde, le Burj Khalifa, à Dubaï. Le propriétaire refuse que je le grimpe sans assurance. Chute humaine égale chute immobilière: personne ne veut prendre ce risque! Malgré le vent du désert, je parviens en six heures au sommet, à 828 mètres d'altitude, sous les vivats d'une foule que j'entends à peine. Quelques mois plus tard, toujours au Moyen-Orient, je viens encore à bout de l'hôtel The Torch de Doha.

Je bouge beaucoup. J'escalade, ici ou là, la tour Vostok et la tour de la Fédération Ouest, à Moscou, l'hôtel Sapphire d'Istanbul, la tour Telecom de Port-Louis sur l'île Maurice ou, en Suisse, l'abbaye de Saint-Maurice, qui fête ses 1500 ans d'activité.

Je suis enfin régulièrement invité en Chine, grimpant la tour Hang Seng de Hong Kong ou la tour Fortalenza de Zhengzhou devant les caméras de treize chaînes de télévision qui retransmettent mon ascension en direct à 500 millions de Chinois.

Je pourrais me contenter d'inaugurer ces innombrables gratte-ciel qui prolifèrent en Asie mais je veux continuer de découvrir des pays, des cultures. Ainsi, j'ai escaladé il y a peu une institution incontournable de La Havane: le Habana Libre, un ancien hôtel de la chaîne américaine Hilton que Fidel Castro avait réquisitionné pour y établir son état-major. J'ai senti courir sur mes bras les frissons des débuts.

Parce que j'aime les petits qui font des pieds de nez aux grands. Malgré le caractère professionnel et désormais officiel de mon activité, je n'oublie pas que, fort de mes 1 m 60, je me suis attaqué aux symboles des empires les plus puissants de la planète.

Je ne boude pas mon plaisir quand on me déroule le tapis rouge mais j'avoue éprouver un plaisir inégalé lorsque j'affronte non seulement les tours les plus hautes mais également les autorités les plus sévères au monde.

Épilogue

Quand j'ai commencé l'escalade urbaine, je m'affichais auprès des grands qui nous gouvernent, simplement vêtu d'un micro-gilet en serpent sans manche, ouvert sur mon torse nu. Je me suis toujours amusé à frayer avec les limites quelles qu'elles soient.

Ma notoriété repose aussi sur mon image. Avec le temps, je me suis assagi, je ne recours plus nécessairement à des artifices vestimentaires pour me singulariser. Je demeure néanmoins aux yeux des gens un personnage excentrique. Je suis entré tôt en guerre contre la conformité. Ne serait-ce qu'en marchant sur une verticale, je n'ai jamais fait comme les autres ! Lorsque je grimpe vers mes cimes, je fuis tout un système qui me révolte.

Tant que j'arpentais les falaises, mon combat restait confidentiel. Je refusais de rentrer dans un certain moule, de satisfaire les ambitions des petits-bourgeois, de répondre aux aspirations de mes parents. Sector m'a offert la chance de m'exprimer publiquement. Mes performances valent en effet des discours. Je déjoue les services de sécurité, montre leurs faiblesses. Certes, je n'y parviens pas toujours. Mais quand j'atteins mes objectifs, je savoure ma victoire à plusieurs titres : j'ai découvert deux failles dans la structure. Celle dans laquelle je glisserai mes phalanges mais aussi la fragilité des institutions.

En explorant l'espace urbain, je ne me suis pas dilué dans la masse. Au contraire. J'ai d'ailleurs profité de ma visibilité pour politiser mes ascensions. Et j'ai du coup bouclé la boucle. Je suis bel et bien devenu le héros de mon enfance. À mi-chemin entre un Zorro et un Robin des bois.

J'ose penser que l'on m'admire également pour ça. Parce que je n'emprunte pas les sentiers battus, parce que je me hisse au-dessus de la mêlée, sur des sommets défendus. Je ne perds cependant pas de vue que mes transgressions me font désormais courir de moindres risques. Je séjourne moins souvent et moins longtemps derrière les barreaux. Quoique je grimpe encore parfois illégalement. Je me suis mis par exemple en tête de gravir le Shard, à Londres, le plus haut bâtiment d'Europe. Mais, lors de mes derniers repérages, la sécurité du building m'a elle aussi repéré. La direction a engagé le meilleur cabinet d'avocats afin de me frapper d'une injonction m'interdisant même d'approcher le gratte-ciel. La Haute Cour de justice londonienne ayant validé cette injonction, mon activité est devenue criminelle, passible d'une lourde peine de prison et d'une amende salée.

Petit à petit, le rebelle que j'étais s'est fondu dans le paysage. Force est d'admettre que je ne suis plus tout à fait un marginal. Je vis de ma passion, côtoie des décideurs à qui je glisse à l'occasion ma façon de penser. Car on m'interroge beaucoup. Surtout en Asie ou au Moyen-Orient où l'on me considère comme un surhomme, presque un demi-dieu.

Nul n'est malheureusement prophète en son pays. De retour sur ma terre natale, je mesure combien toute gloire est précaire. Mes concitoyens auraient plutôt tendance à voir en moi un amuseur, un électron libre. Les gagnants auraient-ils moins de succès que les perdants ? À la différence de notre Vieux Continent, les pays qui m'accueillent avec le plus d'enthousiasme cultivent le goût du risque. Pour eux, c'est souvent le seul gage de réussite sociale. Aux antipodes de nos mentalités qui érigent l'assurance, la garantie en droits intangibles.

Je représente toutefois un mystère pour la plupart, autant pour l'homme du peuple que pour le chef d'État. Leurs questions se ressemblent étrangement.

– Comment faites-vous ?

Sur un gratte-ciel, la verticale est absolue. Son caractère artificiel la rend aussi très belle et très pure. Comme sur le rocher, il faut chercher son itinéraire. Le geste est cependant différent de celui qu'on exécute en falaise. Répétitif, il sollicite les mêmes muscles et les met à rude épreuve. On s'épuise extrêmement vite sur une paroi de verre.

Voilà pour l'aspect technique. Ce n'est pourtant pas celui qui interpelle le plus mes interlocuteurs.

« Comment faites-vous ? » s'entend surtout sur le plan psychique.

Je me prépare mentalement plusieurs semaines avant une ascension remarquable. Ce serait faux de dire que je n'ai pas peur. Bien au contraire. Je tire essentiellement mon plaisir de cet exercice spirituel qui consiste à dominer cette peur, à l'apprivoiser.

Je joins parfois une petite démonstration à ma réponse. Tout le monde est capable de marcher sans tomber sur une ligne étroite tracée sur le sol. Retirons maintenant tout ce qui est à droite et à gauche de cette ligne, imaginons que c'est du vide : nous sommes pris d'un vertige terrible. Le solo intégral relève plus d'une philosophie, à tout le moins d'un art, que d'un sport.

– Comment faites-vous ? s'enquièrent enfin les médecins, qui ont du mal à admettre qu'avec une invalidité à 66 %, je puisse même tenir debout sans vaciller.

Je pense avoir prouvé aux sceptiques que le mental constitue notre plus puissant moteur. Encore faut-il l'alimenter ! J'ai rêvé des mois, allongé sur un lit, avant de pouvoir passer à l'action. La frustration m'a beaucoup nourri. Je ne le regrette pas. Tout se passe d'abord dans la tête.

J'ai souvent frôlé la mort, mais au sommet j'ai savouré intensément cette vie que j'avais gagnée à l'arraché.

Je ne crois pas à l'impossible. Je suis convaincu que nous sommes en grande partie responsables de notre destin. Chacun de nous est capable de faire et de défaire. De prendre une route et d'en changer. De se tromper et de rectifier son tir. De choisir sa quête existentielle. Il n'y a rien de plus facile que de s'installer dans la monotonie des choses. Moi, j'ai pris le parti de vivre mes rêves et non de rêver ma vie.

Mes rêves étaient cependant réalisables. Je me suis souvent contenté de minuscules progrès et, aussi minimes fussent-ils, ils m'ont rempli de joie. Il pouvait s'agir de millimètres au lendemain de ma terrible chute, en 1982. Des millimètres qui, additionnés à d'autres, ont fini par me rendre meilleur que je ne l'aurais jamais été sans cet accident. Oui, j'ai beaucoup travaillé. Mais toujours avec passion.

Ceux qui achètent des billets de loterie en imaginant qu'ils vont se la couler douce pour le restant de leurs jours sur une île paradisiaque me semblent bien plus insensés.

À 51 ans, je sais que j'ai atteint certaines limites physiques et que les grands exploits sont derrière moi. Je me regarde toutefois dans une glace, fier de mon parcours qui m'a guéri de tous mes complexes, de toutes mes blessures. J'aime aussi penser que je donne de l'espoir aux gens.

On me demande parfois si le public qui suit mes ascensions ne guette pas la chute fatale. Vient-on me voir tomber ou réussir ? Je n'hésite pas une seconde.

Car je sens une ferveur incroyable parmi les curieux suspendus à mes gestes.

À dire vrai, j'ai pratiqué le solo intégral mais je n'ai jamais grimpé seul.

Tous ceux qui croient en l'homme sont montés là-haut avec moi.

Appendice

Escalades sur des falaises en solo intégral

Noms des falaises	Noms des voies	Cotations
Dunière	Bloc ou falaise	8 a/b
Buoux	Rêve de papillon	8 a
Buoux	La Chèvre et le chou	7 c
Buoux	La Nuit du lézard	8 a/b
Buoux	La Nuit du cauchemar	8 a/b
Buoux	Cauchemar de l'éléphant	8 a
Buoux	Courage fuyons	7 a/b
Verdon	L'Ange en décomposition	7 a
Verdon	Crac boum hue	8 a
Verdon	Polpot	7 c/8 a
Verdon	Self contrôle	7 a
Sisteron	Les Doigts de l'espace	8 a
Cornas	Au théâtre ce soir	8 a
Cornas	Pour une poignée de chamallow	8 a/b
Cornas	L'Abominafreux	8 a
Cornas	L'Abominable Homme des doigts	7 b/c

Cornas	Enchaînement de l'Abominafreux, de l'Abomifreux et l'Abominable Homme des doigts	8 b (8a + 7c + 7 b/c)
Omblèze	Lou pape	8 a/b
Omblèze	Compilation	8 b
Entrechaux	Œuvre posthume	8 a
Mouriès	Coup de cymbale	8 a

Note :

Aujourd'hui, le niveau de difficulté d'une escalade est gradué sur une échelle de 1 à 9. Cette cotation ne prend évidemment pas en compte la prise de risques du grimpeur solitaire, il ne s'agit que de difficulté pure.

Niveau 1 : sentier escarpé

Niveau 2 : progression avec les mains

Niveaux 3 et 4 : début de la véritable escalade en falaise

Après ces premiers chiffres, la cotation se voit subdivisée par les indices a, b et c, correspondant à « inférieur », « normal » et « supérieur ». Un « + » peut également être ajouté pour une voie fluctuant entre deux niveaux.

Escalade difficile 5a, 5b, 5c, 6a, 6b, 6c.

Escalade extrême 7a, 7b, 7c, 8a, 8b, 8c, 9a, 9b, 9c.

Escalades sur des édifices urbains

Europe

Portland House, 101 m, Londres, 2008

Tour Skyper, 154 m, Francfort, 2008

Tour Vostok, 354 m, Moscou, 2007

Tour Agbar, 144 m, Barcelone, 2006/07

Pont du 25-Avril, 190 m, Lisbonne, 2007

Tour Vasco de Gama, 145 m, Lisbonne, 2006

Lloyd's Building, 95 m, Londres, 2003

Canary Wharf Building, 244 m, Londres, 2002

Maison d'édition, 85 m, Berlin, 1999
Banque de Slovaquie, 75 m, Slovaquie, 1998
Marriott Hôtel, 150 m, Varsovie, 1998
Deutsche Bank, 155 m, Allemagne, 1998
Hôtel Arts, 155 m, Barcelone, 1995
Banca di Milano, 112 m, Milan, 1995
Dresdner Bank, 145 m, Francfort, 1995
Canary Wharf Building, 244 m, Londres, 1995

États-Unis-Canada
NY Times Building, 228 m, New York, 2008
Crown Plaza, 120 m, Montréal, 1999
Sears Tower, 443 m, Chicago, 1999
Blue Cross, Blue Shild, 185 m, Philadelphie, 1997
Golden Gate Bridge, 227 m, San Francisco, 1996
Luxor Pyramid, 106 m, Las Vegas, 1996
Pont de Brooklyn, 84 m, New York, 1994
Calico Building, 192 m, New York, 1994
City Bank/Corp Building, 187 m, Chicago, 1994

Paris
Tour Mercuriale, 125 m, Paris, 2006
Tour Cristal, 100 m, Paris, 2005
Tour Montparnasse, 209 m, Paris, 2004
Hôtel Saint-Georges, 25 m, Toulouse, France, 2004
Tour Total, 187 m, La Défense, Nanterre, 2003
Tour Franklin, 122 m, La Défense, Nanterre, 2002
Tour Elf Fina Total, 187 m, La Défense, Nanterre, 2001
Mairie de Pézenas, 20 m, Pézenas, 2000
Mairie de Pau, 15 m, Pau, 2000
Maison consulaire, 20 m, Pézenas, 2000
Obélisque de la Concorde, 31 m, Paris, 2000
Tour Elf, 187 m, La Défense, Nanterre, 1999
Arche de la Défense, 105 m, Paris, 1999

Pyramide du Louvre, 22 m, Paris, 1998
Framatome, 180 m, La Défense, Nanterre, 1998
Mairie de Valence, 45 m, Valence, 1998
Basilique du Sacré-Cœur, 65 m, Paris, 1998
Obélisque de la Concorde, 31 m, Paris, 1998
Hôtel Concorde Lafayette, 125 m, Paris, 1997
Tour de Crest, 50 m, Crest, 1997
Tour Eiffel, 313 m, Paris, 1996-97
Tour Cristal, 100 m, Paris, 1996
Tour de l'Europe, 70 m, Valence, 1996
Tour TF1, 60 m, Boulogne-Billancourt, 1995
Bibliothèque nationale, 85 m, Paris, 1995/2008
Tour Gan, 184 m, La Défense, Nanterre, 1995
Tour Franklin, 122 m, La Défense, Nanterre, 1994
Tour Montparnasse, 209 m, Paris, 1995
Tour Mercuriale, 125 m, Paris, 1995
Tour Elf-Aquitaine, 187 m, La Défense, Nanterre, 1994

Amérique Centrale et du Sud
Tour Italie, 163 m, São Paulo, 2008
World Plaza, 127 m, Mexico, 2006
Tour Parque Central, 125 m, Caracas, 1998
FIESP, 99 m, São Paulo, 1996
Hôtel Vermont, ?, Rio de Janeiro, 1996

Australie
Opéra, 65 m, Sydney, 1997
Center Point, 319 m, Sydney, 1997
Harbour Bridge, 135 m, Sydney, 1997

Asie
Four Seasons Hotel, 130 m, Hong Kong, 2008
Suntec Tower, 176 m, Singapour, 2008
Jakarta, 70 m, Djakarta, 2008

Jin Mao, 420 m, Shanghai, 2007

Cheung Kong Center, 283 m, Hong Kong, 2005/2009

Taipei 101, 508 m, Taipei, 2004

OUB, 280 m, Singapour, 2000

Shinjuku Center Building, 245 m, Tokyo, 1998

Melia Hotel, 80 m, Kuala Lumpur, 1997

Sabah Foundation, 150 m, Bornéo, 1997

Petronas Twin Towers, 452 m, Kuala Lumpur, 1997/2007

ATV Asia, 30 m, Hong Kong, 1996

Nec Building, 200 m, Hong Kong, 1996

Far East Finance Center, 200 m, Hong Kong, 1996

Récompenses

Prix de la Performance sportive, Festival de Janssens, en 1991.

Prix de la Reconnaissance de l'exploit sportif, Festival des Diablerets (Suisse), en 1992.

Premier record du monde de difficultés en escalade solo réalisé dans les gorges du Verdon, en 1993 (cotation 8 b).

Prix pour la Performance d'un athlète, remis par le président du Comité olympique international, Juan Antonio Samaranche, en 1993.

Prix de l'Aventurier, Festival international du film de montagne et d'aventure de Torello (Espagne), en 1995.

Grand prix « L'Aigle d'Or », Festival international du film d'aventure et de découverte de Val d'Isère, en 1999.

Médaille d'or de la Ville de Pau, en 2000.

Participation à « l'Année du sport et de l'éducation » de l'ONU, en 2004.

Inscription au *Guinness Book des records*, en 2008.

Prix des jeunes de la ville de Dijon, Festival international du film d'aventure « Les écrans de l'Aventure 2009 ».

Prix BrandLaureate World Records Awards 2010.

Inscription au *Guinness Book des records* 2010.

Alain **Robert**

HAUTE TENSION

Inscription au *Guinness Book des records* 2011 pour l'escalade de la plus haute tour du monde Burj Khalifa.

Prix du Sénat 2011 de l'Exploit sportif.

Mise en pages par DV Arts Graphiques à la Rochelle
Imprimé en France par Dupli-Print
Dépôt légal : février 2014
N° d'édition : 0278- N° d'impression : 2014032261
ISBN : 978-2-7491-0278-8